Biblioteca de
DERECHO PRIVADO

Enrico del Prato
(Director)

Carlos Antonio Agurto Gonzáles
Sonia Lidia Quequejana Mamani
Benigno Choque Cuenca
Luis Alejandro Luján Sandoval
Edmundo Trujillo Blas
(Coordinadores Generales)

Giuseppe Salvioli
Profesor de la Universidad de Nápoles Federico II
(Italia)

El derecho civil y el proletariado

Edición al cuidado de
Carlos Antonio Agurto Gonzáles
Sonia Lidia Quequejana Mamani
Benigno Choque Cuenca

Ediciones Olejnik

Título: El Derecho Civil y el Proletariado.

Edición: 2019

Ediciones Olejnik
Huérfanos 611, Santiago-Chile
E-mail: contacto@edicionesolejnik.com
Web site: http://www.edicionesolejnik.com

ISBN: 978-956-392-460-2

Diseño de carátula: Ena Zuñiga

Diagramación: Hayden Méndez, yiset_mendez@hotmail.com

Impreso en Argentina 2019 Printed in Argentina

Índice

Los defectos sociales de las leyes vigentes en relación al proletariado y el derecho moderno

Estudio preliminar

Ricardo Oyuelos, inteligencia gris en materia de Derecho del Partido Socialista Obrero Español en un tiempo[1] y jurista que accedería luego a altas magistraturas del país, juzgó de interés político, en la primera década de nuestro siglo, la traducción y edición en castellano del opúsculo que Giuseppe Salvioli dedicara a *los defectos sociales de las leyes vigentes en relación al proletariado*[2]; hoy, como simple profesor de historia del derecho, juzgo de interés no solo académico su reedición. Presentándolo, no voy a incurrir en el ejercicio tan profesoral de adelantar una lectura orientada del propio texto aquí reproducido; su misma vocación divulgadora ya haría que cualquier intento en tal sentido de tomar de la mano al lector resultase un insulto a su inteligencia. Por esto, y dado que el texto a presentar pertenece a un autor y responde a una tendencia que, aunque de gran significación en la cultura de su época, hoy se encuentran bastante olvidados, nuestra introducción procurará tan solo ofrecer las noticias precisas sobre el uno y sobre la otra como para que la lectura pueda situar críticamente al texto en el medio que históricamente le corresponde. Lo que, según digo, queda ya a la inteligencia del lector[3].

---

1 Santiago Castillo, *De «El Socialista» a «El Capital» (Las publicaciones socialistas,* 1886-1900), p. 53, en *Negociaciones. Revista crítica de teoría, historia y economía,* 5, 1978, ps. 41-66, para este dato. Sintomáticamente, pues la desatención es general, no trata nuestro tema de la recepción del ius-socialismo en España Manuel Tuñón de Lara, *Medio siglo de cultura española,* 1885-1936, Madrid 1973.

2 Procede de una conferencia publicada en 1890 (*I difetti sociali del Codice civile in relazione alle classi non abbienti ed operaie*) que amplió y modificó en el texto que traduciría inmediatamente Oyuelos: *I diffeti sociali delle leggi vigenti di fronte al proletariato e il Diritto nouvo,* Palermo 1906; el texto castellano apareció en la *Biblioteca Scaevola* que dirigía el propio Oyuelos: *Los defectos sociales de las leyes vigentes en relación al proletariado y al* (sic) *Derecho moderno,* Madrid 1907. Reproducimos aquí sustancialmente el texto de Oyuelos, previa confrontación con el original italiano (de cuya xerocopia dispongo gracias a la diligente cooperación del decano Rodríguez-Piñero).

3 También dejo a su apreciación las divergencias, a veces no poco significativas, entre el texto original —cuyo sentido en estos casos consignaremos en notas (*)— y la versión

1. *Una obra: la del primer Salvioli*

> "Salvioli es un profundo conocedor de las relaciones económicas de la Antigüedad y del Medioevo. Pero su interés por la investigación del pasado no le hace indiferente a la actualidad: ha atendido también con pasión los problemas del presente y ha recorrido a tal fin vías completamente ajenas a las transitadas por sus colegas"
>
> (Karl Kautsky, 1912)

Las primeras publicaciones de nuestro autor, aun bastante joven (cumplía veinte años en 1877 y había comenzado a publicar en 1875), interesaron a materias literarias extrañas a su ulterior especialización. Sus estudios posteriores, empero, tampoco responderán a la idea de interés limitado o restringido que suele acompañar, entonces como hoy, al concepto de especialidad; ciertamente que se centrará en temas jurídicos, pero con una amplitud de miras bien alejada del usual acomodo del jurista en la notable disgregación de especialidades que, desde el siglo pasado, se da en el interior del mundo del Derecho: los estudios históricos alternarán con los filosóficos y unos y otros con los políticos respecto a las más dispares materias jurídicas[4]. Y no se vea en ello inconstancia o superficialidad, pues aquí radica un serio intento metodológico, significado en su época, de estudio social del Derecho en toda su extensión y profundidad, integrando diversas perspectivas; el conjunto de los trabajos resultantes, al menos en un primer período que cubre las dos últimas décadas del XIX y primera del XX, responde a una misma preocupación científica que proyecta un recurso comprensivo a procedimientos historiográficos, filosóficos y positivos en el conocimiento y en la política del Derecho; un proyecto que

---

que aquí se pusiera en circulación, cuya entidad de por sí ya ha de interesarnos. Pero advertimos que los errores terminológicos más elementales (en ningún caso las meras cuestiones de estilo, por la razón dicha), aunque a veces en su inadvertencia también lleguen a afectar el sentido de todo un período, nos hemos permitido corregirlos en el texto, sin otra indicación, por no estorbar la lectura con un aparato crítico cuyo interés ya habría de ser bastante relativo en una edición como la presente.

4 Noticia de ello, aunque a otro punto se dirija su interés, en María Olga Cuomo, *Il contributo di Giuseppe Salvioli alla storiografia economica italiana*, en *Economia e Storia*, 1975-3, ps. 366-419.

aún intentaba conectar científicamente tal conocimiento y tal política[5].

Aunque eventualmente profesase otros cursos jurídicos, académicamente Salvioli sería, desde 1882, historiador del Derecho, y a esta especialidad se atendría realmente su obra en época posterior a la que aquí nos interesa. No en esta, según decimos, en la que los estudios histórico-jurídicos concurren con otros no históricos, sin que ello fuera precisamente en detrimento de una metodología especializada que ya iba dotándole de autoridad en el ámbito estricto de su profesión universitaria[6]; sabido esto, y sabido que aquí desplegará fundadamente su obra el Salvioli maduro cuya aportación se significa en justicia dentro de la tradición historiográfica, hemos de resaltar enseguida que no es tal vertiente histórica en sí la que aquí ha de reclamar nuestra atención, sino más bien sus circunstancias de integración en un proyecto científico y político más general, en el cual queda muy directamente comprendido el texto no exactamente histórico que presentamos. Como escribiera un agudo analista de la posición de este primer Salvioli: "La coexistencia de estas directrices de investigación en un mismo corpus no es probablemente un dato insignificante, sino un hecho que exige alguna problematización: y habrá de cuestionarse no tanto por *qué* Salvioli se ocupa de materias que en la tradición histórico-jurídica (o jurídica sin más) permanecen a menudo separadas y aún sistemáticamente inconexas, como habrá de cuestionarse *cual* sea el principio de relación entre las diversas dimensiones de la producción salvioliana"[7].

Problema esencial, acerca del cual obtendremos seguramente mayores luces en el segundo apartado de nuestra introducción, pero problema que conviene ya considerar en el caso concreto de Salvioli. Caso en el que no resulta desde luego difícil apreciar el sustrato político, en su sentido más positivo, de su proyecto científico. Es la preocupación de Salvioli ante

5 Al menos en su aspecto científico ya lleva a cabo formulaciones de este planteamiento comprensivo en una prelección de 1884: *Il metodo storico nello studio del diritto civile italiano* (véase M. O. Cuomo, *Il contributo* cit., ps. 372-373).

6 Compruébese, aun siendo notorio, en Bruno Paradisi, *Apologia della Storia giurìdica,* Bolonia 1973, ps. 116-117, 136-138 y 373; o en Luigi Berlinguer, *Conziderazione su storiografia e diritto,* ps. 8 y 42, en *Studi Storici,* XV-1, 1974, ps. 3-56.

7 Pietro Costa, *«Il solidarismo giuridico» di Giuseppe Salvioli,* p. 459, en *Quaderni fiorentini per la storia del pensiero giuridico moderno,* 3-4, 1974/75, I, ps. 457-494.

la miseria social de la época de su formación, preocupación que entonces llegaría a identificarse con el socialismo obrero ingresando temporalmente en su partido, la que le llevaría, de una parte, a centrar su filosofía del derecho en los problemas relativos a la incidencia de la perspectiva socialista en el mundo del Derecho y, de otra, a plantear una historia del derecho en la que se integrasen las cuestiones convencionalmente tratadas por otras disciplinas, económicas o sociológicas; sería aquella preocupación la que, traduciéndose en el imperativo de comprender las contradicciones —equidad doctrinal e iniquidad social— del Derecho codificado vigente, le llevaría de todas partes a considerar la ubicación social y económica de las instituciones y del pensamiento jurídicos en su historia: el proyecto científico respondía a la preocupación política; su sociología, al socialismo; su historia del derecho, a la crítica del Derecho vigente.

"Escribiendo la historia del derecho italiano —proclamaría con cierta voluntad de distinción el propio Salvioli— he tenido también la intención de escribir la historia social, económica y jurídica del pueblo italiano, al menos en sus grandes líneas, en una unidad orgánica e inescindible", proclamación a la que procedía justamente en el prólogo de su *Tratado de Historia del Derecho Italiano* que, en 1908, aparecía como punto de llegada de todos sus trabajos anteriores en su dimensión más propiamente histórica[8]. Y no era desde luego una proclamación vana: en sus numerosas investigaciones monográficas previas Salvioli, como historiador del derecho, se había caracterizado por dichos planteamientos; y aun había abordado con cierta fortuna investigaciones de carácter más social o económico que jurídico. Recuérdese, por ejemplo, su estudio de *El capitalismo antiguo* que, crítico con respecto a las entonces más usuales apreciaciones de un desarrollo supuestamente "capitalista" en la Antigüedad, llamaría la atención aun fuera de los medios académicos[9]; Salvioli lo señala ahora como verdadera premisa

---

8 G. Saivioli, *Trattato di Storia del Diritto Italiano,* Turin 1908; apareció como sexta edición del *Manuale* que venía editando desde 1890, pero es obra de bien diverso aliento y entidad, incorporando en su reelaboración el planteamiento metodológico desarrollado hasta entonces más en sus investigaciones monográficas que en obra de síntesis.

9 La primera edición, única anterior al *Tratado,* había sido la francesa: *Le capitalisme antique,* París 1906, gestionada por Sorel; seguida de la alemana; *Der Kapitalismus im Altertum,* Stutgart 1912 (con reedición en 1922), que llevaba prólogo de Kautsky, encomiástico

de la orientación de su tratado, mientras que otros estudios suyos de historia económica sobre épocas posteriores aquí más directamente abordadas se integraban mejor en el mismo, pese, como decimos, a su especialización jurídica. "En este volumen —decía su autor— he transferido y condensado el trabajo de casi treinta años de investigaciones, de estudios y de reflexión".

Y si decimos que sus escritos históricos de este período que nos interesa encuentran su síntesis en el *Tratado* de 1908, sus publicaciones no específicamente históricas de la misma época también tendrán un punto de llegada: precisamente estos *Defectos sociales* que aquí presentamos, aparecidos en su versión original en 1906[10]. Parece como si Salvioli hubiera intentado por estas fechas, a sus cincuenta años, hacer balance cerrando algunos capítulos[11]; y a nosotros nos interesa el saldo: su exposición final de este tema de la confrontación entre *el Derecho* y *el proletariado*; su tratamiento con ello de la incidencia del socialismo en el Derecho.

En los momentos de su militancia socialista Salvioli no se había mostrado precisamente optimista respecto a la aportación que el socialismo podía esperar del Derecho: el pensamiento propiamente socialista —escribía así en 1896— "es más lógico y consecuente que el llamado socialismo jurídico, un conjunto de aspiraciones sentimentalistas, inorgánicas e indefinidas, tan errado en las premisas como inconcluyente en su desenvolvimiento, cuando sueña en poder solventar una

---

aun no considerando íntegramente «marxista» a Salvioli —lo que por otra parte no era injusto—. La edición italiana, ya póstuma pero corregida y renovada por el propio Salvioli que fallecía poco antes de su aparición, es posterior: *Il capitalismo antico,* Bari 1929, despertando sumo interés en Gramsci (véase M. O. Cuomo, *Il contributo* cit., ps. 398-413, donde también puede adquirirse noticia de otras investigaciones de historia económica presentes en la confección del *Tratado).* De esta versión de 1929 se anuncia ahora reedición en Italia, al cuidado y con estudio de A. Giardina.

10 Aparece como segunda edición, aumentada, de una conferencia de 1890 (véase nota 2). Para un catálogo de los numerosos escritos de política del derecho publicados por Salvioli entre una y otra fecha, en buena parte presentes en dicha «reedición», véase Mario Sbriccoli, *Elementi per una bibliografia del socialismo giuridico italiano,* ps. 987-990, en *Quaderni fiorentini,* 3-4, 1974/75, II, ps. 873-1035.

11 Y no ha dejado de notarse, en los algo más de veinte años de vida que aún le restan, no solo un viraje político sino también un significativo replanteamiento metodológico de su obra histórica, proclamando su «neutralidad» y acentuando su especialización; véase B. Paradisi, *Apologia* cit., p. 138, que señala una «perplejidad» de fondo incluso en las sucesivas elaboraciones de su *Tratado,* hasta la última edición cuidada por él que es de 1930. Pero ya dijimos que no es este el período que aquí nos interesa.

cuestión estrictamente económica, una cuestión de producción y de distribución de la riqueza, con algunos retoques del orden jurídico o con la reforma de algunas leyes civiles". Pero no nos desoriente este desahogo; con anterioridad Salvioli ya había resuelto personalmente la relación entre su confesión socialista y su profesión jurídica: "Yo soy de aquellos —había escrito— que no esperan la solución de la cuestión social de la llamada legislación social... pese a ello, pienso que, ante la urgencia de ciertos males sociales, puede y debe intervenir alguna oportuna disposición. Esperar a que el desarrollo del sistema capitalista produzca los excesos que habrán de ocasionar su destrucción, es cosa larga; en tal espera, sería culpable la inercia cuando fuese posible salvar a alguna víctima de la iniquidad social y cuando la intervención del Estado pudiese acelerar la marcha demasiado lenta de las consecuencias históricas y de la fatalidad económica"[12]. Es la relación que, aunque con distinto énfasis, podrá encontrarse en el texto final aquí reproducido; es la relación característica de todo un *socialismo jurídico* cuyo repudio luego amagaba sin mayores consecuencias, de la especie de "socialismo" que, por ello, habremos de considerar.

Pero, respecto a la obra de este primer Salvioli, conviene aun plantear el problema de otra relación —o, mejor, falta de ella— que ya habrá podido asimismo notarse: la que finalmente resulta de este modo de hacer balance, por una parte, de su obra histórica en el *Tratado* y, por otra, de la política en estos *Defectos sociales*. Pues no existe realmente relación final entre una y otra obra, entre uno y otro capítulo de este balance; tras su arranque metodológicamente unitario y su desenvolvimiento consecuentemente conexo, vienen a desembocar formando delta, separados entre sí[13]. He aquí un índice de frustración de todo un proyecto, más aún si se atiende a que uno de sus brazos —y precisamente el político donde arraigaba su metodología— realmente se desecaría antes de la desembocadura (o peor,

12 Para estas citas, de 1896 la primera y de 1892 la segunda, véase P. Costa, *Il solidarismo*, cit., ps. 474-475.

13 Existen, desde luego, en la introducción de su *Tratado* referencias «metodológicas» a la literatura ius-socialista y a sus escritos programáticos iniciales, pero ello más que nada como un tributo a algo pretérito, como una manera de hecho intranscendente al cuerpo histórico de la obra. De otra parte, aunque «la historia» no deja de aparecer en los *Defectos sociales*, podrá notarse en ella una función y entidad bien poco históricas en su sentido crítico más propio; baste señalar, como un buen índice de la limitada incidencia de la crítica histórica en su obra ius-socialista, el caso de la mitificación de un «derecho

desembocará en parte en las aguas estancadas del fascismo) en cuanto que no tuvo, en su caso, más horizonte práctico o desenvolvimiento teórico ulterior; si no en la propia fuente metodológica, algo, en algún momento, ha fallado, algo que se manifiesta finalmente en esta escisión de historia y de política en el curso avanzado de una metodología que perseguía su integración.

Ha fallado, sin más, la simple realización del proyecto desde sus propios inicios, su propia materialización, residiendo el mérito histórico del caso en el mismo hecho de su planteamiento. La obra de Salvioli en esta dimensión que aquí nos concierne (aparte siempre por lo tanto sus aportaciones monográficas de especialidad) se encuentra toda ella repleta de sugerencias que, según la virtud perseguida, trascienden notoriamente de dicho ámbito restringido, no solo en su vertiente política sino también en la histórica; pero en ella no se llegaba (como tampoco por lo demás en ninguna otra de su época pese a todas las pretensiones) a fundar unas bases reales de análisis social integrado de la economía y del Derecho, una base científica para un estudio comprensivo de la sociedad en el que, frente al Derecho liberal, pudiera fundamentarse la política socialista. El mérito de Salvioli según decimos, como de otros por la misma época según ahora veremos, estuvo en concebir la necesidad de tal empresa y en plantear su realización; y el hecho de que la frustración final de su propia empresa no se resuelva en Salvioli, respecto a la vertiente científica, en la retórica fraudulenta de otros casos análogos (algunos tan influyentes entonces, también pronto en España, como el de Loria), tal vez deba de consignarse como un motivo más de estimación.

2. *Una tendencia: el socialismo jurídico*

> "Florecieron en los últimos tiempos juristas en búsqueda de correcciones en el Código civil como instrumento para elevar la condición del proletariado. ¿Pero por qué no le piden al Papa que encabece la liga de los librepensadores? ¡Y el más divertido fue el caso de aquel autor italiano que, ocupándose recientemente

---

romano» que sería modelo de los códigos contemporáneos, idea precisamente medular en la cultura liberal de cuyo distanciamiento en principio había de tratarse.

de la lucha de clases, pedía que, junto al Código que garantiza los derechos del capital, se formase otro en garantía de los derechos del trabajo!"

(Antonio Labriola, 1895)

Sergio Panunzio, alumno de Salvioli, orientándose políticamente en una línea sindicalista revolucionaria, se plantearía como tarea imperiosa la crítica radical de las enseñanzas jurídicas de su maestro: y la crítica se dirigirá a toda una tendencia identificada como *socialismo jurídico,* según se subrayaba desde el propio título[14]; el término no era ciertamente nuevo —lo habían utilizado antes precisamente los socialistas que se oponían por razones análogas a tal tendencia—, pero así iba generalizándose y, en este caso, influyente en su época, situándose a Salvioli entre sus máximos exponentes: "Vivante, Salvioli, Cimbali en Italia y Menger en Alemania —se diría por ejemplo en España reseñándose dicho estudio crítico— fueron los promotores y los expositores de las nuevas teorías acerca del derecho privado, revolucionarias de los actuales Códigos a base del respeto primordial que se debe al derecho social antes que al individual"[15].

Lo cual no era precisamente justo en lo que respecta a Salvioli; sí, entre los mencionados, Menger podía representar el mayor esfuerzo de teorización de la tendencia, y Vivante y Cimbali, de aplicación a la doctrina jurídica positiva, Salvioli no destaca ciertamente ni en uno ni en otro extremo; nuestro autor, cuya más sustantiva aportación hubo de desarrollarse según ya sabemos en el ámbito especializado de la historia, sería nada más —o nada menos, si se prefiere— que un cuidadoso partícipe

---

14 S. Panunzio, *Il socialismo giuridico,* Génova 1907; y véase, sobre su relación con Salvioli, Sabino Cassese, *Socialismo giuridico e «diritto operaio». La critica di Sergio Panunzio al socialismo giuridico,* en *Quaderni fiorentini,* 3-4, 1974/ 75, I, ps. 495-505. Este número que venimos citando de los *Quaderni fiorentini per la storia del pensiero giuridico moderno* está dedicado monográficamente al iussocialismo, con estudios referentes a los principales países europeos, salvo España.

15 *Revista Jurídica de Cataluña,* 16, 1910, p. 230; reseña editorial de la obra citada de Panunzio, subrayándose luego su planteamiento crítico. En estos años se desarrolla en la *Academia de Jurisprudencia y Legislación* de Barcelona un concurso de trabajos acerca de «El proletariado ante el derecho civil» cuyos resultados, a juzgar al menos por lo que de ello conozco (tan solo las noticias de dicha *Revista),* hubieron de presentar un marcado carácter paleoliberal, insensible a las mismas virtualidades liberales, que aun veremos, del iussocialismo.

y un valioso divulgador de tal tendencia ius-socialista, con el resultado más estimable de estos *Defectos sociales* cuya situación en su obra igualmente ya conocemos. Y toca ahora obviamente, conocido el autor, tratar de la tendencia: ¿qué fue, en suma, el *socialismo jurídico*?

No resulta tarea fácil la de caracterizar con estricta generalidad esta tendencia en la que vinieron a confundirse autores de posición política y obra jurídica un tanto heterogénea, complicando aun más las cosas el hecho de que en su época no raramente se comprendiera bajo la misma rúbrica ius-socialista también a los representantes del simple socialismo interesados de alguna forma, a veces bien incidental, en cuestiones jurídicas. Según la posición de sus autores u otras circunstancias de su momento, los textos de la época pueden ofrecernos imágenes ciertamente dispares del *socialismo jurídico*; pero, en todo caso, siempre nos será posible resaltar aquellos caracteres que aparecieron con una mayor constancia, caracteres que, como definitorios de un cualificado ius-socialismo, particularmente se manifestarían en una fase de desarrollo y expansión de la tendencia, ya en nuestro siglo.

Y, como tales, podríamos señalar, en primer lugar, el de su distinción teórica respecto a un socialismo de formulación más "económica" que, con más acusada vocación obrera, se identificaba sobre todo en el marxismo; el *socialismo jurídico* no sería entonces sino una especie de "socialismo de cátedra" sin raíz popular, por ello diferenciable del socialismo propiamente dicho. En segundo lugar, podía aparecer igualmente como carácter propio, definitorio, del *socialismo jurídico* el de su presentación, en cuanto que programa político, reformista o evolucionista, también ello en contradicción con el socialismo obrero mejor identificado ya entonces con el marxismo. A tales caracteres, comunes desde luego a otros "socialismos" cualificados de los que había a su vez de diferenciarse por su particular aplicación al tema jurídico, responde la idea finalmente más generalizada de la tendencia. Lo cual, conforme a nuestra inicial advertencia, no quiere decir que faltasen ius-socialistas confesadamente marxistas o voluntariosamente revolucionarios (una y otra imagen ofreció en momentos, por ejemplo, Salvioli), pero aun en estos casos dichos puntos de distinción solían también operar desde el momento en que no se conseguía con ello por regla general el reconocimiento del marxismo o del socialismo organizado, presentándose en todo caso frente a este el *socialismo jurídico* como una tendencia mucho más proclive a la aceptación, mediante el Derecho, de los principios de la organización social imperante.

Ya en la época no faltó cierta conciencia de las notables divergencias que, desde una oposición inicial básica al Derecho liberal —"individualista", se decía más vagamente— contenido en los códigos, cabían en el ámbito cubierto con tal denominación de *socialismo jurídico,* lo que, como también antes advertíamos, más podía resaltarse, lógicamente, cuando no se discriminaba en principio demasiado, haciéndolos partícipes de una misma tendencia, entre juristas que, sin ánimo de mayor adhesión, se asomaban a cuestiones socialistas y políticos que desde el socialismo se interesaban, sin ánimo alguno de distinción, por materias jurídicas. Y tales divergencias se señalaban particularmente en el mundo del Derecho a los efectos de discernir aquellas posiciones acomodables a sus propios presupuestos doctrinales de aquellas otras que habían de considerarse inasimilables, esto es, a los efectos de introducir la distinción jurídica en el momento práctico cuando, en el teórico, no se había tenido suficientemente en cuenta. Veamos de ilustrar todo lo dicho.

Calixto Valverde —un ejemplo entre otros, aunque aquí ciertamente significado—, jurista que se había situado ante el ius-socialismo con tanta simpatía como prevención, tras mostrarse incapaz de ofrecer una mínima definición de la tendencia y confrontando así con extrema vaguedad el socialismo y el Derecho, procuraba discernir en ello, en dicha confrontación, una "fase práctica, constructiva" (donde se encontrarían Cimbali junto a Duguit, Gierke junto a Stammler, Stein junto a Sombart... y también políticos como Jaures) de otra "crítica y negativa" (en la que se comprenden, por ejemplo, Proudhon y Lasalle); ¿su objetivo? Hacer derivar la primera fase hacia un neto término medio entre el socialismo y el "individualismo atomista" del Derecho vigente, encauzando así las posibilidades de un *socialismo jurídico*[16].

---

16 Calixto Valverde, *Los códigos civiles modernos y el Derecho nuevo,* Madrid 1923, ps. 50-63, interesando también al efecto sus obras anteriores: *Las modernas direcciones del Derecho civil,* Valladolid 1899, ps. 57-73; *Génesis del Derecho,* Valladolid 1901, ps. 179-249, y *Tratado*

Pero habrá de decirse que los ius-socialistas más convencidos se habían mostrado inicialmente interesados en demarcar su posición, si de un lado del socialismo de definición no jurídica, de otro también de la doctrina y del Derecho liberales. Este al menos era el caso señalado de Menger: "Merced al influjo de Lasalle, Marx y Engels —escribía así quien antes calificábamos de máximo teorizador de la tendencia—, la crítica del socialismo alemán se dirige casi exclusivamente al aspecto económico de nuestra condición, sin parar mientes en que la cuestión social es en realidad, ante todo y sobre todo, un problema de la ciencia del Estado y del Derecho", pasando a continuación al otro frente —su demarcación respecto a la doctrina jurídica— mediante la relación de los principios del Derecho vigente que consideraba incompatibles con su planteamiento ius-socialista: la propiedad privada, la libertad contractual y el derecho hereditario, especialmente —explicará más tarde— lo segundo puesto que "en la presente época, en que se desconoce la esclavitud, la servidumbre y otras condiciones análogas de dominio... el mecanismo indicado (contractual) se enlaza con la obtención de la renta sin trabajo"[17]; bien que luego, fijada con tal claridad la posición, se muestre, a efectos prácticos, predispuesto a someter su programa ius-socialista a *la realidad* imperante de tales instituciones teóricamente repudiadas: y la línea "constructiva" podrá extenderse a casos como el suyo.

"Aquí está el mérito positivo del ensayo jurídico-social del profesor Menger. Este se coloca en una posición intermedia entre las corrientes socialistas... y las afirmaciones capitales en que descansa la concepción reinante del Derecho privado... Menger quiere modificar las condiciones en que descansa el régimen

---

de Derecho civil español, Valladolid 1909, I, ps. 29-35. No interesándonos en este punto las usuales divergencias entre unos y otros analistas en la ubicación concreta de uno u otro autor. (Proudhon, por ejemplo, según los casos, aparecerá en las más distanciadas posiciones), pues tan solo nos ocupa ahora la configuración de la tendencia.

17 Anton Menger, *El Derecho civil y los pobres*, Madrid 1898, ps. 74, 77 y 286. Pero su crítica al «socialismo económico» atribuido a Marx la había desarrollado particularmente, sobre la base de una parcial «historia doctrinal», (véase J. A. Schumpeter, *Historia del análisis económico*, Barcelona 1971, p. 540), en *El derecho al producto íntegro del trabajo*, Madrid s. f. (entre 1900 y 1904) que, por ello, había merecido a su vez la crítica de Engels y Kautsky, siendo esta al parecer la primera ocasión (1887, la obra de referencia apareció originalmente en 1886) en que los socialistas utilizaron, para anatematizarlo y en base a expresiones análogas del *Manifiesto comunista*, el término de «socialismo de los juristas» o jurídico (véase dicha crítica en la edición de *Marx-Engels Werke*, tomo 21, Berlín 1962, ps. 491-509).

actual de la familia, de la propiedad, de los contratos y de la herencia, de un modo prudente, oportunista"; así precisamente se expresaba —y el oportunismo es aquí un evidente elogio— el principal, aunque no incondicional, introductor en España de Menger: Adolfo Posada[18], sin duda uno de los iuspublicistas de mayor entidad e influencia en el primer tercio de nuestro siglo[19]. Y sus expresiones son bien elocuentes: olvidada *la teoría,* de hecho el *socialismo jurídico* aparecía como tal en una línea "constructiva" frente a otra "destructiva" que sería la del simple anticapitalismo, socialista, anarquista o comunista, la del anticapitalismo que había de definirse aquí por su oposición a la propiedad privada, a la libertad contractual y al derecho de sucesión que, de una forma o de otra, los ius-socialistas acababan por aceptar. Aquí, en este punto práctico, se definiría la tendencia.

Pero el *socialismo jurídico* no solo era una empresa política que pudiera condensarse en un programa de revisión doctrinal y reforma práctica del Derecho, en una crítica de los códigos vigentes que pudiera segregar sus propios anticódigos o sumas codificadas de principios no tan contradictorios como en casos se predicaba[20]; algunas de estas sumas se encargaban ya de recordar que el ius-socialismo propiamente político no era más que un capítulo de toda una anhelada "revolución" metodológica en la ciencia y en la práctica social[21] En el caso

18 Adolfo Posada, *El Derecho y la cuestión social* («Estudio preliminar» de Menger, *El Derecho civil* cit., ps. 5-67), ps. 20-22; también su *Socialismo y reforma social,* Madrid 1904, ps. 90-94 y 128-133.

19 Véase ahora especialmente, aunque desatento a nuestros particulares, Francisco Laporta, *Adolfo Posada: política y sociología en la crisis del liberalismo español,* Madrid 1973.

20 La más importante, e influyente de forma directa en la de Saivioli, *Defectos sociales* cit., fue desde luego la de Menger aquí traducida por Posada con el citado título, un tanto manipulado, de *El Derecho civil y los pobres* (este segundo término reza en el original como «clases populares desposeídas» o expropiadas).

21 Cabe recordar las aquí traducidas: *La nueva fase del Derecho civil en sus relaciones económicas y sociales* de Enrico Cimbali (Madrid 1893; trad. de Francisco Esteban y prólogo de Felipe Sánchez Román), *La reforma integral de la legislación civil* de Giuseppe D'Aguanno (Madrid 1894; trad. de Dorado Montero), *La reforma de la legislación civil y el proletariado* de Francesco Cosentini (Madrid s. f., hacia 1920, trad. de Alberto Aguilera, prólogo de Gumersindo de Azcárate, junto a otras introducciones de Saivioli y de Edmond Picard). Las introducciones o memorias españolas de la tendencia no dejaban a su vez de notificar, dentro de su desigual percepción, dicho contexto metodológico; recuérdense, además de las citadas de Calixto Valverde, las de Pedro Dorado Montero, *El positivismo en la ciencia jurídica y social italiana,* Madrid 1891, (partes adelantadas en diversas revistas), Rafael Altamira, *El método positivo en el Derecho civil* (en *La Nueva Ciencia Jurídica,* I, 1891, ps.

singular de Salvioli ya pudimos entrever algo de ello: el método derivaba de la política más que la política del método pero, en todo caso, ambos extremos se relacionaban hasta el punto de una virtual identificación.

Los ius-socialistas podían ver cómo reinaba la paz y la equidad en el seno de la doctrina del Derecho codificado mientras que, en la realidad social, se imponía la lucha y la iniquidad; la crítica de dicha doctrina se planteaba en la forma de confrontarla a la evidencia que deparaba la sociología, considerándose una verdadera distinción y un auténtico enfrentamiento de *métodos*: el "método dogmático" de aquella doctrina y el "método positivo" procedente de la ciencia experimental[22]; "la sociología" llegaría entonces al punto de identificarse con el socialismo, como "la ciencia jurídica" con el liberalismo[23].

El dilema, entonces, para el ius-socialismo se planteaba en la forma de cómo adoptar aquella —cómo hacerse con un positivismo científico, no doctrinal ni legalista— sin renegar totalmente de esta, de la "ciencia jurídica"; y el dilema ya lo vimos resuelto antes por Salvioli de un modo que resulta ilustrativo de aquella vertiente de la tendencia con una voluntad más marcada de no extrañarse del socialismo: el socialismo sin más sería, según ello, el "programa máximo", y el *socialismo jurídico*, el "programa mínimo"; lo cual, en casos, se representará con significativa invocación expresa de la revisión bersteiniana del marxismo en cuanto que esta permitía centrar toda la perspectiva de la ciencia

---

268-275, y 2, 1892, ps. 81-90 y 129-136), Hipólito González Rebollar, *Nuevas orientaciones del Derecho* (en diversas páginas de los nums. 102 y 103, 1903, de la *Revista General de Legislación y Jurisprudencia),* Gabriel Bonilla Marín, *Nuevas tendencias y reformas en Derecho privado,* Madrid, 1911, y Federico Castejón, *Estudio de las nuevas direcciones del Derecho civil en Italia,* (en *Anales de la Junta de Ampliación de Estudios,* 6, 1911, ps. 93-344).

22 Sobre la difusión y arraigo del segundo término entre nosotros, en lo que habremos luego de detenernos en lo que nos interesa, se cuenta ahora con los estudios de Diego Núñez, *La mentalidad positiva en España: desarrollo y crisis,* Madrid 1975, *y El darwinismo en España,* Madrid 1977. Para el derecho, también, Juan José Gil Cremades, *El reformismo español,* Barcelona 1969, particularmente, ps. 183-301.

23 De aquí que pudiera llegar a plantearse el rescate de la sociología de manos del socialismo, pese a que, según veremos, dicho secuestro distaba de ser sustantivo; véase la cuestión reflejada, por ejemplo, en Felipe Sánchez Román, *El materialismo histórico en relación con algunas de las principales instituciones del Derecho privado,* Madrid 1905, p. 69; disertación de otra parte muy ilustrativa de todo el contexto: tomar a Loria como el más autorizado intérprete de un socialismo «materialista» para poder convocar frente a este a motivos iussocialistas con entera facilidad. Y la operación, según se comprobará, no precisaba realmente de tal maniqueísmo.

social y de la política, no va en aquella meta socialista cuya idea tanto podía gratificar, sino en el movimiento más inmediato de la reforma factible[24]. Los ius-socialistas que se situaban con más consecuencia en tal posición, adaptándose ya sin reticencias de principio en su programa de reformas a las líneas generales del Derecho codificado (propiedad privada, libertad contractual, derecho sucesorio, derecho de familia...), gozarían de la mayor audiencia y adhesión en el mundo del Derecho[25]. Los mismos, que para la cultura de la época seguían comprendidos en un *socialismo jurídico,* no dejaban de proclamar que dirigían su obra a una renovación del Derecho civil desde sus propios cimientos, pero este tipo de declaraciones, recluidas en el ámbito doctrinal del Derecho pese a toda la sociología que al mismo tiempo se reclamaba, resultaban entonces bastante menos comprometidas que los no tan retóricos y más francos acercamientos de la política del derecho al campo del socialismo.

Con todo ello, y según creímos oportuno avisar desde el comienzo de este epígrafe, el confusionismo puede ser notable —y lo fue en la época— en cuanto a la concepción y demarcación de un *socialismo jurídico*; de hecho, y esto también ya se ha apuntado, el término y el concepto fueron sobre todo creación de lo que podemos llamar una crítica de izquierda, de la oposición que provocara, por su acomodo final a principios del Derecho liberal, en las tendencias más revolucionarias del socialismo[26]; y puede imaginarse el desinterés que en esta crítica, preocupada por su propia demarcación, podía justamente alimentarse respecto a una posible delimitación de las fronteras de tal movimiento por el otro extremo de la derecha, frente a la doctrina jurídica liberal. Y es el caso que, con miras exactamente opuestas, esta última podía efectuar una operación recíproca al desmarcarse del *socialismo jurídico* desinteresándose por sus

24 Véase aquí en H. González Rebollar, *Nuevas orientaciones* cit., 103, ps. 341-346.

25 Aquí, mientras que Posada siempre guardó explícitas reservas ante la obra por él introducida de Menger (en el sentido de verterla a una forma más «ética» que implicaba su moderación), y reservas generalmente compartidas por otros influyentes publicistas como Azcárate o como Buylla, en cambio la de Cimbali, representante de esta segunda línea más acomodada, cosechó incondicionalidades entre nuestros mejores civilistas, como Comas, Sánchez Román, Valverde o De Buen; véase sobre todo ello B. Clavero, *La propiedad considerada como capital: en los fundamentos doctrinales del Derecho actual español*, en *Quaderni fiorentini*, 5-6, 1976/77, 1, ps. 509-548.

26 Sobre ello, informando también de otros casos, Valentino Gerratana, *Antonio Labriola di fronte al socialismo giuridico*, en *Quaderni fiorentini*, 3-4, 1974/75, I, ps, 55-72.

efectivas fronteras con el socialismo propio; así, por ejemplo, podía oponerse entre nosotros Fernández Villaverde en bloque a "los programas socialistas de París y Ehrfurt..., los trabajos de Menger, de Berstein, de Loria y de Salvioli, y aun... los más templados, prácticos y discretos de Schäffle, de Garlanda, de Cimbali o de Segretari"; confusionismo este en el que no dejaría de abundarse[27].

¿Qué sustantividad presenta con todo el *socialismo jurídico,* asimilado, en este fuego cruzado, al liberalismo desde la izquierda y al socialismo desde la derecha, confundido finalmente en derivaciones de una y otra tendencias y luego olvidado por ambas? La tiene, y mucha, más desde luego de la que pudiera hacer sospechar la habitual desatención que hoy se le reserva tanto entre historiadores como entre juristas[28]; su misma ubicación histórica, sus mismas connotaciones políticas, lo sitúan en el centro de esa doble revisión del liberalismo y del socialismo cuya más positiva resultante —no la única, desde luego— sería la socialdemocracia[29], de composición ideológica y proyección política muy acorde con los planteamientos sustanciales del iussocialismo. Pero no era el caso de tratar aquí de estas derivaciones, sino de dejar situado el movimiento; y, siempre con dicho objeto, convendrá finalmente abundar —pues la cuestión ya ha surgido forzosamente— en las coordenadas

27 Raimundo Fernández Villaverde, *La cuestión social y el Derecho civil,* 96, p. 371, en *Revista General de Legislación y Jurisprudencia,* varios lugares de los nums. 96, 97 y 99, 1900 y 1901. En tal línea y por la motivación referida en nota 15, más específica y ampliamente, Rafael Gay de Montella, *Reformas en el Código civil español en orden al proletariado,* en *Revista Jurídica de Cataluña,* diversos números y páginas de los años 1909 y 1910.

28 Lo que puede explicar la visión necrológica de estudios como el de Paolo Ungari, *In memoria del socialismo giuridico,* en *Politica del Diritto,* I, 1970, ps. 241-268 y 387-403. Y, en los medios jurídicos, puede comprobarse hasta qué punto los perfiles de la tendencia se desdibujaron en la forma como se refiere a Menger Franz Wieacker, *Historia del Derecho privado de la Edad moderna,* Madrid 1957, ps. 395 y 402-404; por una parte, aparece alineado, frente al Derecho liberal, junto a Marx y a Proudhon; por otra, su aportación personal parece poder reducirse a la de una simple frase de Anatole France: «Majestuosa igualdad ante la ley, que prohíbe al rico tanto como al pobre dormir bajo los puentes, mendigar por las calles y robar el pan». Y más inútilmente se buscará nuestro tema en historias del pensamiento socialista.

29 Véase aquí Fernando de los Ríos, *El sentido humanista del socialismo,* Madrid 1926 (particularmente p. 183 de la reed. 1976; para la vertiente «ética», más conocida, de la revisión socialista en este mismo caso véase Virgilio Zapatero, *Femando de los Ríos: los problemas del socialismo democrático.* Madrid 1974, ps. 179-181). Y, en la línea opuesta, para un ejemplo no menos significado de asimilación plenamente conservadora de los motivos iussocialistas. José Castán Tobeñas. *La socialización del Derecho,* en *Revista General de Legislación y Jurisprudencia,* 127, 1915, ps. 278-295.

que puedan corresponderle en el ámbito más específico de la llamada ciencia jurídica.

3. *UNA ALTERNATIVA: DOCTRINA O SOCIOLOGÍA*

> "En el tabernáculo del derecho privado, ante el pavor de los santísimos custodios de las tradiciones romanas, se levantó de improviso un temporal, con más ruido que nueces bien es verdad, por virtud de unos cuantos herejes... Algunos más tímidos, que permanecían en el coto cerrado del derecho civil; otros, más audaces, que blandían las razones de la jovencita sociología; unos terceros, en fin, que entonaban salmodias casi socialistas; entre unos y otros, abrieron proceso a los viejos códigos..."
>
> (Claudio Treves, 1894)

Ya nos hemos referido ciertamente a ello: el ius-socialismo se presentaba ante todo, más que como promotor de un programa de reforma política, como poseedor de un método de revolución jurídica; como una alternativa metodológica radical a la doctrina jurídica en el mismo campo del derecho; como elemento de oposición frontal al método "formalista" o "dogmático" que, entre el conjunto de las "ciencias sociales", realmente caracterizaba a tal doctrina. ¿Qué fundamento y qué entidad tenía en principio, y llegó a tener en conclusión, esta alternativa de método que así se representaba desde el ius-socialismo? Aunque en forma aquí muy sumaria desde luego, convendrá que ofrezcamos alguna idea inicial acerca del primer término de la oposición.

Bien que en el ius-socialismo no se llegase a alcanzar clara conciencia de ello, la doctrina jurídica que haría objeto de su oposición era de constitución histórica, en sus caracteres fundamentales y metodológicos, bastante reciente, no habiéndose desarrollado netamente de hecho hasta después de la Revolución Francesa y de sus respectivos equivalentes en la extensión del continente europeo[30]. Sus coordenadas históricas podrían sucintamente situarse entre la longitud de una crisis final de la sociedad estamental o señorial propia de la Europa de la Edad Moderna y la latitud de su subversión radical en tal Revolución; crisis, por una parte, de un derecho que había sido socialmente discriminatorio en los términos de su propia manifestación, e imposición revolucionaria, por otra, de un derecho declaradamente dirigido en cambio al desenvolvimiento de unos postulados socialmente no discriminatorios.

El derecho de la Revolución podía presentarse, sobre todo tras la superación de las fases revolucionarias más álgidas allí donde estas se produjeran, como un derecho "formalista" en todos los sentidos: por su "doctrinarismo", ya que podía y debía atenerse a una serie de categorías jurídicas en cuyo principio latía el rechazo de toda discriminación, y por su "positivismo" o limitación exegética, ya que podía y debía ajustarse, no menos formalmente, a la norma emanada del Estado, en la cual, sobre todo tras la promulgación de los códigos, habían quedado consignados tales institutos jurídicamente no discriminatorios, los principios de un Derecho civil liberal.

Junto a ello y también con alcance europeo, una reacción moderada (es decir, la que no se dirige a una defensa a ultranza del sistema señorial discriminatorio, siendo consciente de su crisis, sino a una posición más precavida del nuevo Derecho) persigue la formulación de un sistema tendencialmente análogo por vías en principio menos "formalistas", bien precavida tanto frente a las posibles secuelas radicales de la doctrina liberal como frente al potencial revolucionario, más allá del propio liberalismo, de la legislación estatal (precauciones ambas nada inmotivadas desde la misma Revolución Francesa). Así, y conectando en buena parte con corrientes de los siglos XVII y XVIII por encima de la Revolución, se perfila un doctrinarismo templado por la historia (por la continua introducción de datos históricos, de textos "romanos" o "germánicos", en su despliegue concreto) y un positivismo paliado por la costumbre (por su continua interposición frente al temido uso radical de la

30 Véase, respecto a nuestro caso, B. Clavero, *La disputa del método en las postrimerías de una sociedad*, 1789-1808, en *Anuario de Historia del Derecho Español*, XLVIII, 1978 (y, para el caso general, la bibliografía allí consignada), con información acerca de la mitificación liberal del «derecho romano» —aludida en nota 13— que sería un elemento cardinal en la retroproyección histórica de tal doctrina.

legislación). Otra forma de "dogmatismo" en suma (y más aún a medida que se promulgasen en cada caso los códigos), pese a las apariencias contrarias que pudieran crear sus invocaciones —cuyo sentido, según decimos, no es en sustancia ni histórico ni sociológico— a "la historia" y a "la costumbre"[31].

En todo caso —y esto es lo que convenía subrayar—, aunque por diversas vías de distinción no sustancial (bien que los propios juristas se hayan empeñado en magnificar sus diferencias), se llegaba con todo ello a un punto de "formalismo" doctrinal y "positivismo" legal que afectaba muy especialmente, sometiéndolos sin remisión a una determinada política del derecho, a los profesionales del derecho constituido: el juez, muy particularmente, quedaba recluido en unos muy estrechos márgenes de actuación habiendo de aplicar, en su formalidad y en su positividad, el derecho con obligada fe en los principios no discriminatorios que en él se presumían y con la no menos obligada indiferencia consiguiente a los efectos reales de su funcionamiento social y de su aplicación práctica.

Aunque bien apretadamente, he aquí el cuadro al que vendrá a enfrentarse teóricamente un *socialismo jurídico*[32]; su principal característica era ciertamente, en una u otra forma, la de su dogmatismo: los principios estipulados como justos habían de serlo, según ello, por su propia estipulación (y aquí todo el paraíso teórico del individualismo liberal que implicaba el infierno social del primer capitalismo; doctrina y norma de la propiedad privada sin discriminación de principio que implicaba de hecho expropiación social y abolición de usos comunales; doctrina y norma de la libertad contractual que implicaba la más severa indefensión del trabajador no solo en el mundo de la producción...) y las evidencias sociales no tan justas, lejos de constituir su propia implicación, habían de reputarse consiguientemente ajenas a un sistema en cuyos

---

31 Sobre la esencia civil liberal de estas posiciones de apariencia más compleja y su correspondiente entidad más doctrinal que historiográfica (dato ya adquirido respecto a casos clásicos como el de la autodenominada «Escuela histórica del Derecho» bien que ello no se refleje siempre apropiadamente en las síntesis en circulación), entre nosotros, véase el análisis en tal sentido de Jesús Delgado Echeverría, *Joaquín Costa y el Derecho aragonés (libertad civil, costumbre y codificación)*, Zaragoza 1978.

32 Para una más particularizada exposición, aunque centrada en el caso francés, de las «tribulaciones» del Derecho liberal codificado desde las últimas décadas del siglo pasado, André-Jean Arnaud, *Les juristes face à la société du XIX e siécle á nos jours*, París 1975, ps. 75-126.

principios normativos no tenían cabida, ni acogida en su despliegue doctrinal. El *socialismo jurídico* vino así, no a notificar una evidencia que se manifestaba ante todos como "la cuestión social" por antonomasia, sino a plantear una implicación: la que había de darse entre el Derecho liberal —su norma y su doctrina, su código y su exégesis— y dicha *cuestión social* que coetáneamente se había desarrollado; vino a cuestionar el método formalista de la "ciencia jurídica", a proponer en esta una alternativa metodológica: la del "método positivo" (no confundir con el positivismo legalista de contrario signo) o "método experimental" ya generalizado en otros ámbitos[33], la de una correspondiente sociología jurídica.

Frente a las diversas formas de método dogmático imperante, ya aludidas, la sociología del derecho surgirá así con objetivos precisos —aunque desde luego no bien precisados entonces en cada caso— en el mismo terreno de la "ciencia jurídica"; no como una disciplina más que viniera a sumarse extrínsecamente al conjunto de las especialidades jurídicas (y ya veíamos antes que otro tanto había podido pasar con la historia), sino como un elemento intrínseco del debate jurídico, generalmente vinculado entonces a tendencias sustancialmente ius-socialistas[34].

"El método sociológico —informa en su momento Dorado Montero— se distingue por las siguientes características", que enumera en forma primeramente negativa, mediante una serie de "proscripciones": "de todo elemento teológico y metafísico", "de todo elemento ideal y apriorístico", "de todo elemento teleológico...", con sus correspondientes corolarios positivos: considerar a la sociedad y al derecho "como meros productos naturales", admitir "como única fuente de conocimiento la experiencia externa", reconocer "que los actos jurídicos y sociales... son la manifestación necesaria de las diferentes fuerzas que se agitan en el movimiento social". De lo cual puede derivarse "que el estudio social, como, por consecuencia, del

33 Más hasta qué punto, en el caso de la «ciencia social», este «positivismo» no acababa de salir de un terreno especulativo puede verse bien en nuestro caso en exposiciones como la de G. D'Aguanno, *La génesis y la evolución del Derecho civil según los resultados de las ciencias antropológicas y sociales,* Madrid s. f.; trad. de Dorado Montero. Y, en general, resulta muy ilustrativa en tal sentido la antología que ofrece D. Núñez, *El darwinismo* cit., ps. 61-431.

34 Compruébese particularmente aquí en Alfredo Serrano Jover, *Bases sociológicas del Derecho privado,* Madrid 1908, siendo ello desde luego algo común a la generalidad de los textos ya citados.

fenómeno jurídico, se haga dinámicamente, evolutivamente, desde su primera aparición hasta su manifestación última y en sus relaciones con todos los demás fenómenos", habiendo de concurrir "la aplicación del procedimiento cuantitativo al estudio de los hechos jurídicos, sirviéndose de la estadística, de las matemáticas, de la historia, de la física...", ciencias "auxiliares" estas que, abundándose ya en invocaciones superfluas, aún se ampliarán en los manifiestos de otros autores.

Y todo ello, en su aspecto potencialmente operativo, podrá reducirse a fórmula: "Es necesario fundar los estudios del Derecho civil en la Sociología"[35].

Fórmula que, según queremos indicar, no dejaba de ser entonces equívoca: por una parte, no toda la sociología del momento estaba empíricamente fundada como para que un programa del género resultara en esta vertiente mínimamente factible[36]; por otra —y creemos que este punto, por menos patente, será de mayor interés—, no toda sociología del derecho efectivamente empírica (dentro desde luego del grado de empirismo social al alcance de la época) alcanzará tampoco verdadera virtualidad, según el objetivo de tal programa, frente a los métodos más doctrinarios del derecho o de la "ciencia jurídica". De hecho —y es esta cuestión fundamental— el carácter superficial de la sociología aportada —y no en el sentido de escasez de investigación positiva[37] sino en el de superficialidad de sus propias cuestiones: no se indagaba la función social de las instituciones codificadas en su entidad radical sino los "defectos sociales" de su circunstancial regulación o de su incidencia más inmediata sobre todo respecto a instituciones

---

35 Dorado Montero, *El positivismo* cit., I, ps. 132-133 y 285, siguiendo en general respecto a estos puntos a Cimbali, aun con mayores reservas según diremos.

36 Véase así, y aparte lo indicado en nota 33, el caso estudiado por M. Núñez Encabo, *Manuel Sales y Ferré: los orígenes de la sociología en España*, Madrid 1976.

37 Véase una buena noticia coetánea de amplias investigaciones que solo en escasa medida llegarían entonces a publicarse y en cuyos materiales vuelven a interesarse ahora juntamente antropólogos y sociólogos, en Rafael Ureña, *Observaciones acerca del desenvolvimiento de los estudios de Historia del Derecho Español*, Madrid 1906, ps. 112-113, referida particularmente a sociología rural. Esta, según se sabe, fue en especial promovida por instituciones como la *Academia de Ciencias Morales y Políticas* y el *Ateneo* de Madrid, bajo impulso de Joaquín Costa y Rafael Altamira entre otros; y la sociología industrial lo será sobre todo, según igualmente es sabido, por el *Instituto de Reformas Sociales*, con participación directiva de Azcárate, Posada y Buylla.

anteriores[38]— no ayudará precisamente a que nuestra tendencia supere efectivamente el método de la doctrina jurídica liberal: en él, con toda su ya adjetiva preocupación social, quedará recluida; la revolución metodológica anunciada en la "ciencia jurídica" no tendrá entonces lugar[39].

De hecho, el mejor análisis de la época que conozco —y bien conocido entonces en España— de los mecanismos jurídicos de discriminación y expropiación del trabajo en el sistema constituido por el Derecho codificado, es una exposición nada "sociológica", más bien "teórica": la que dedica Chatelain al *contrato de trabajo*[40] bajo el supuesto de que "toda teoría jurídica de las relaciones del obrero y del empresario debe explicar cómo el empresario o patrono es el único propietario del producto industrial", cómo "los productos de la industria no pertenecen en ningún momento, ni en el curso de la producción ni al final de esta, a los que los producen, por lo menos a aquellos que concurren a su producción con el trabajo manual, a los obreros". Su explicación concreta, que en todo caso sufriría aquí una rápida vulgarización que la privaría de toda sustancia[41], no podrá considerarse hoy enteramente satisfactoria, pero —y es lo que queríamos subrayar— alcanza una entidad de dilucidación de los mecanismos sociales del Derecho liberal muy superior a los acercamientos más sociológicos del momento al tema, cuyo mismo empirismo —ya a menudo falaz— tiende

---

38 Aunque aplicado a otro momento, vale aquí el índice crítico frente a la convencional sociología del derecho de Giovanni Tarello en Renato Treves y otros, *La sociologia del diritto: un dibattito*, Milán, 1974, ps 40-52. Y sobre el planteamiento del tema alternativo aludido de la función, y no de la incidencia, de las instituciones codificadas, B. Clavero, *Derecho y Privilegio*, en *Materiales. Crítica de la cultura*, 4, 1977, ps. 19-32.

39 Véase B. Clavero, *La propiedad* cit., ps. 539-548.

40 Emilio Chatelain, *El contrato de trabajo. Naturaleza de este contrato determinada por el derecho de propiedad del obrero al producto de su trabajo*, Madrid 1903 (y en la *Revista General de Legislación y Jurisprudencia* del mismo año). Y es de advertir que Chatelain ni se tiene a sí mismo ni se lo tendrá comúnmente por ius-socialista; las referencias políticas a él que conozco lo presentan como «demócrata-cristiano».

41 Ya su traductor y anotador, de nuevo Adolfo Posada, lo tomaría a beneficio de inventario, en una línea que, mediante sobre todo el bien influyente Adolfo Buylla, reducirían su análisis a una «teoría solidaria» más (acerca de ello, B. Clavero, *La propiedad* cit., ps. 521-527). Y en esta línea progresivamente empobrecedora en el ámbito teórico: José María Álvarez Taladriz, *Socialismo y derecho hereditario*, Valladolid 1907, y Luis Felipe Martínez de Aguilera y Luis Rodríguez Camuñas, *Las diferencias de clases en el Código civil*, Madrid 1921.

subrepticiamente a constituirse en sucedáneo de una explicación propiamente dicha de los problemas en cuestión[42].

Aunque, e independientemente ya de las condiciones particulares de alguna aportación individual, el "método positivo", con sus incentivos de principio y con el mismo reforzamiento en su ejercicio de evidencias sociológicas (no poco apreciables para una sociedad aun tan ignorante de sí misma), concurrió culturalmente a la definición y tematización de un *socialismo jurídico* que luego buscaba mayor seguridad "metodológica" en la invocación de unas "ciencias" no siempre operativas en su propio desenvolvimiento; aunque esto es históricamente constatable —decimos—, no menos lo es el hecho final de que esta tendencia jurídica desarrolló usualmente su oposición real a los métodos más doctrinarios partiendo de las más simples apreciaciones sociales, sin mayor asistencia empírica, y entrando rápidamente —esto es, con rápido olvido de sus regulares, y a veces incontinentes, digresiones "metodológicas"— en el mismo campo doctrinal del Derecho; en lo cual se reflejará bien su propia evolución[43].

Otro es el tema —nos parece— de que, en la época, en el "método positivo" formulado más radicalmente se representase, según puede verse en las mismas definiciones antes referidas —lo que no quiere decir enteramente asumidas— por Dorado Montero, una determinada ideología "científica", en su alcance materialista inmediato, cuyo debate no dejaría de interferirse en nuestra cuestión, generalmente aquí, en nuestros medios académicos del momento, en la forma de rechazarse de plano tales implicaciones del "positivismo" científico social[44], pero

42 Véase, particularmente sobre el tema crucial del «colectivismo agrario» en lo que a ello afecta por su fundamentación, B. Clavero, *La propiedad* cit., ps. 528-532. Y aun en el mismo campo teórico estimo que aportaciones como la de Chatelain han de juzgarse respecto a nuestro tema de entidad superior a empeños de implantación marxista como, entre nosotros, el de Pedro Pérez Díaz, *El contrato de trabajo y la cuestión social*, Madrid 1917.

43 En ocasiones la misma presentación «metodológica» resultaría ya de por sí tan retórica o tan manierista como para no vincular a nada; véase así en dicho sentido la definición del método de Cimbali, *La nueva fase* cit., por Sánchez Román en su prólogo. Circunstancia esta desde entonces no muy inusual en el mundo «científico» del derecho: el método doctrinal resistirá a toda clase de pretensiones metodológicas contrarias que se le antepongan; y circunstancia desde entonces alimentada por la obligada confección (desde 1900) de memoria metodológica en oposiciones académicas.

44 Era la tendencia, que luego se acentuaría, del mismo Dorado Montero, *El positivismo* cit., pudiendo generalizarse hasta el punto de que en Italia se llegaría a hablar de una sistemática deformación «espiritualista» del positivismo en España (a ello se refiere

sin afectar sustantivamente por lo común al desarrollo de su temática[45]. En suma, tanto en su alcance ideológico como en el científico propiamente dicho, pese a todas las invocaciones de "método" privativo del ius-socialismo en el ámbito del derecho, no se aprecia realmente su conexión de base con sus posiciones jurídicas[46], definiéndose propiamente su aportación, no tanto en este campo "metodológico", como en el sustantivo de la política del derecho a cuyas importantes derivaciones ya antes hicimos referencia.

Y en el campo más estricto de la "ciencia jurídica". esta circunstancia podrá reflejarse en la forma como la disolución del *socialismo jurídico* coincidirá con un notable renacimiento o recuperación expresa de la doctrina como método específico de tal "ciencia"[47]: de una doctrina que, sin atentar a los fundamentos liberales de los códigos, sabrá integrar los motivos sustantivos del ius-socialismo y con ello, con su preocupación social adjetiva, superar culturalmente la existencia vergonzante que había arrastrado entre —digamos— la Comuna de París y la Revolución Rusa, durante estas décadas de asedio de la ideología liberal a todo lo ancho de Europa. Pero, de nuevo, como ya advertimos concluyendo el apartado anterior, se excedería nuestra introducción de considerar en su ulterior desarrollo tal historia.

Jerónimo Vida, *Los criminalistas españoles en el extranjero,* en *La Nueva Ciencia Jurídica,* 2, 1892, ps. 3-13). Ello habrá de comprenderse lógicamente en el contexto cultural descrito por Elías Díaz, *La filosofía social del Krausismo español,* Madrid 1973.

45 Salvo quizá en alguna rama del derecho donde el tema presentaba especiales implicaciones; véase José Luis y Mariano Peset, *Lombroso y la escuela positivista italiana,* Madrid 1975, ps. 9-209, más antología de textos.

46 Aunque no es este el criterio de Valerio Pocar, *Riflessioni sul rapporto tra «socialismo giuridico» e sociologia del diritto,* en *Quaderni fiorentini,* 3-4, 1974/75, I, ps. 145-154.

47 Que tendrá aquí un órgano bien autorizado: la *Revista de Derecho Privado* que se publica desde 1914 (y presentar programáticamente el «derecho civil» y «mercantil» como «privado», que hoy pueda parecer —y ya es esto sintomático— cosa pacífica, alcanzaba entonces no poco sentido frente al empuje habido hacia su «socialización»). Los anteriores órganos de las tendencias «sociológicas» en el derecho entre nosotros (fundamentalmente *La Nueva Ciencia Jurídica* y la *Revista de Derecho y Sociología)* habían tenido en cambio una vida fugacísima; el intento posterior de mantener, ya en la época de la *Revista de Derecho Privado,* una *Revista de Ciencias Jurídicas y Sociales* aun vinculada a tal tendencia parece haber tenido, aunque más larga vida, menor significación. Pero todos estos órganos merecen ulterior estudio (información preliminar en D. Núñez, *La mentalidad* cit., ps 259-261). Y sobre este renacer final del «derecho privado», con el significativo extrañamiento de un «derecho del trabajo» que el ius-socialismo había querido situar en su propio centro, B. Clavero, *La propiedad* cit., ps. 539-548 ya referidas.

Tal vez estime el lector que, en uno y en otro apartado, hemos interrumpido nuestra exposición en un momento precisamente crucial; pero de introducir tan solo se trataba, y de introducir al espacio histórico donde se sitúa el texto presentado. Ciertamente que, incluso respecto al mismo —a dicho espacio y a dicho texto— y si de algo más que de una presentación se tratara, son muchas las cuestiones que podrían aun plantearse, cuestiones referentes a su vertiente tanto —digamos— política como a la más propiamente jurídica.

Por ejemplo, respecto a la primera: ¿No pudo contenerse en la tendencia ius-socialista, dentro de su notoria labilidad, una sensibilidad ante los problemas de la vida civil, en su sentido de no política y no laboral, que, pese a afectar gravemente a los sectores populares, no se acusa por lo común en el seno del socialismo obrero organizado clásico? ¿No se encuentra en ella un reconocimiento abierto de la virtualidad reformadora del Estado no solo antes de que dicho socialismo, en su caso, la predicara, sino también con precedencia al momento en que este ya la persiguiera inconfesadamente (y esto con independencia de que en uno o en otro caso quisiera ello eventualmente imaginarse como virtud revolucionaria)? ¿No puede con todo ser significativo que tal socialismo organizado parezca relegar al olvido a aquel ius-socialismo tanto cuanto va adaptándose de hecho a unas coordenadas que, tiempo y desarrollo social mediante, pueden considerarse equivalentes...?

O también, respecto a la segunda: ¿Hasta qué punto la tendencia ius-socialista representa en sustancia una tendencia potencialmente alternativa en el ámbito de una "ciencia jurídica" al conjunto de las diversas formulaciones —de las más racionalistas a las más históricas— del derecho liberal? ¿No podría llegar a considerarse su resultado de integración en el mismo como mera germinación de presupuestos iniciales, quedando así su "sociología" o elementos metodológicos análogos en condición última de continuidad —bien que esta no se dé primariamente a nivel político— con "la costumbre" o "la historia" que entraban también en la composición de determinadas posiciones del Derecho civil liberal, suponiendo entonces un empobrecimiento doctrinal de las mismas? ¿No puede representar igualmente la afirmación del Estado en función socializadora dentro de la tendencia ius-socialista un punto no tanto de oposición al Derecho codificado anterior como de desenvolvimiento de uno de sus elementos, adaptado a una determinada fase de este sistema liberal que siempre hubo de adicionar la coerción del Estado a la autonomía del Derecho privado...?

No se me oculta que todas ellas son preguntas que, tanto en su vertiente política como en la jurídica —siga permitiéndoseme la distinción—, no afectan tan solo al ius-socialismo, pero solo respecto a él las formulamos pues este solo era el objeto de nuestra introducción. Ya anunciamos al principio, en todo caso, que su atención, hoy, podía alcanzar un interés más que académico; como también —repito y ya concluyo sin más excusa— que no era en caso alguno nuestra intención hacerle al lector la faena, sino tan solo el quite. Ante él, con todas sus interrogantes, con mis incertidumbres de espontáneo que salta del tendido de la historia del derecho, queda la invitación a la fiesta.

Bartolomé Clavero
Profesor Emérito de la Universidad de Sevilla
(España)

Los defectos sociales de las leyes vigentes en relación al proletariado y el derecho moderno

Introducción

Al contacto de la vida moderna, los códigos promulgados en el pasado siglo revelan sus profundas lagunas, su escasa preocupación por las nuevas necesidades. Se ha intentado y se intenta acomodarlos y renovarlos por medio de leyes especiales; pero sus resultados son mezquinos, superficiales, y nuestro derecho no logra armonizar con nuestra economía, con los sentimientos y exigencias de los elementos sociales que la gran industria, la cultura y el progreso van disciplinando y haciendo conscientes. Han surgido a la luz, y ciegos o estultos serán los que no los aperciban, defectos constitucionales, diferentes de aquellos que en 1838 advertía Rossi en el Código francés, en el que la multitud de leyes económicas resultaron olvidadas, no obstante lo cual, treinta años después, aun se aplicaba al cuerpo social[1].

No pocos defectos que vician el Código francés, han sido eliminados de los modernos, menos imperfectos, gracias al auxilio de la ciencia económica, los cuales han renovado las antiguas concepciones sobre la moneda y sobre el crédito, dando satisfacción a lo que reclamaban la práctica y la doctrina económicas. Cierto que no todas las exigencias del comercio y del industrialismo han sido previstas por las leyes, pero vigilante la jurisprudencia se afana por amoldar en el tipo individualista de la comunidad o de la sociedad esa rica floración de formas y de instituciones que el moderno espíritu de asociación promueve y vivifica, y estudia, solícita y amorosamente, la adaptación de

1 ...Diversos a los advertidos en 1838 por Pellegrino Rossi en el Código francés, el cual, habiendo ignorado demasiadas leyes económicas, ya no se adaptaba, a los treinta años de su promulgación, al cuerpo social que debía servir.

las actuales instituciones jurídicas al desarrollo de la riqueza mobiliaria y a los nuevos medios de comunicación[2].

Amplias interpretaciones en tal sentido y las reformas legislativas subsiguientes no desagradan y aun son solicitadas y requeridas por los mismos juristas. Pero no es de tales defectos y de sus reformas de lo que vamos a tratar.

Los defectos cuyo examen nos proponemos son de otra naturaleza. Investigaremos si el derecho vigente responde a los intereses de la colectividad o por el contrario atiende solo al particularismo de una clase, detentadora de la riqueza y de los instrumentos del trabajo; si esclavo de una parte de la sociedad, asegura a esta privilegios y ventajas, que repercuten en daño de la otra parte; si defiende con eficacia igual a los fuertes y a los débiles, al capitalista y al proletariado; si satisface las exigencias de todos y favorece su mejoramiento moral y material, inspirándose solamente en los intereses generales.

Sin duda estas cuestiones implican controversia de principios y de tendencias, rebasan la crítica y algunas atacan el espíritu y los conceptos generales que informan el Estado y el derecho en su origen y funciones[3]. Pero nos abstendremos de confundir un examen que debe ser objetivo con cuestiones que preocupan siglos y siglos a la ciencia y no serán nunca resueltas definitivamente; lo cual no constituye un argumento de debilidad contra la ciencia del derecho, porque solo las ciencias muertas legan un credo a la fe de las gentes; las ciencias vivas y llenas de vitalidad entregan sus teorías al libre examen, y de la lucha de las ideas recogen fuerza y materia de progreso.

Queremos circunscribir el estudio al campo más estrecho del derecho positivo y en él, sin prejuicios ni apasionamientos, hacer hablar a los textos, ver si protegen todos los intereses legítimos, si representan los derechos de la colectividad o los del particularismo de algunos, si merecen el reproche que

---

2 Cierto que las leyes no proveen a todas las exigencias del comercio y del industrialismo moderno, pero, en tanto que ello ocurra, la diligente doctrina jurídica se afana en encuadrar, por ejemplo, en los tipos individualistas del contrato de sociedad la rica floración de formas e instituciones que hoy promueve el espíritu de asociación, o estudia la misma doctrina, solícita y cuidadosamente, la adaptación de las actuales instituciones jurídicas, dependientes de retardadas formas económicas en trance de superación, a las nuevas coordenadas de la riqueza mobiliaria, o a los nuevos medios de comunicación.

3 ...Transcienden de la mera crítica a disposiciones particulares para afectar al espíritu y a los conceptos generales en que se informan el Estado y el Derecho, su origen y su función.

Macaulay dirigía al derecho, de haber "nacido exclusivamente para la propiedad" y el de Saint Simón, al llamar a los Códigos y a los juristas "representantes de un pasado de egoísmo".

Hecho el diagnóstico se podrá indicar el tratamiento más urgente. Tratamiento generalmente rechazado por los juristas, amantes de la tradición, temerosos de la novedad, convencidos de que las leyes tienen siempre la suficiente elasticidad y flexibilidad para satisfacer las más variadas exigencias y de que, a lo sumo, basta con algunos retoques parciales. Hecho dependiente de la inercia intelectual que obligó a decir a Augusto Comte que los juristas eran los menos aptos para comprender las transformaciones sociales. Todo sistema de curación tiene también la enemiga de los socialistas, que considerando el derecho como un producto espontáneo de la constitución social, creen que ha de ser inevitable instrumento de dominio en manos de los poseedores para asegurarles sus privilegios y mantener en la servidumbre a las clases obreras.

Y los unos y los otros, desde puntos de vista opuestos, llegan a la conclusión de que se debe permanecer a la expectativa y esperar la salud del tiempo, que traerá la armonía o la catástrofe.

Dejemos a un lado los que tienen por norma del pensamiento *quieta non movere*; el curso de los hechos los arrastrará de grado o por fuerza. Respecto a los socialistas, cabe preguntarles si la ciencia no limita nuestro poder efectivo sobre las cosas, y si los planes científicos no serán precisamente aquellos que conciernen a la acción inmediata, es decir, aquellos que tienen por objeto el programa mínimo.

También nos preocupamos poco del resultado final, lejano e hipotético, y creemos que lo único que debe interesarnos es el movimiento; es decir, lo que importa conocer es la dirección en que debe lanzarse el espíritu, examinar el contenido de las instituciones y conocer las corrientes de la vida en medio de las que vivimos y por las cuales somos arrastrados.

En esto se halla la justificación de las reformas parciales, muchas de las cuales se refieren al derecho. Si no decimos que la cuestión social sea una cuestión jurídica, podríamos, sin embargo, asegurar que muchas cuestiones sociales se encuentran en el derecho y las leyes. Y aquél y estas pueden ser modificados en la parte que no se encuentra estrechamente ligada con la esencia de la constitución social. Engañase los que pretenden retrotraer el derecho a principios simples: el derecho ha vivido siempre y vive de contradicciones, de conciliaciones, de aproximaciones. El régimen jurídico debe seguir las mudanzas de los sistemas de producción y hoy trata de poner en armonía el derecho con estos mismos modos desarrollados bajo la influencia del progreso[4].

Este examen de las leyes en su aspecto social servirá también para demostrar cómo contribuyen a aumentar los conflictos en vez de atenuarlos y deshará la leyenda que circunda las legislaciones de los países latinos, de ser los mejores frutos de la democracia, los más fulgentes monumentos erigidos por la libertad y la igualdad, los más claros documentos de la moral universal, según las frases del Código francés del cual deriva el italiano.

I.—El concepto individualista

Los defectos sociales de nuestra legislación privada en general, y del Código civil en particular, no son meramente formales ni se concretan a esta o a la otra disposición, sino que, dependiendo del ambiente histórico en que han nacido y de las ideas filosóficas dominantes, vician la integridad de la ley. El Código italiano se inspira exclusivamente en la doctrina filosófica que presidió al nacimiento del Código napoleónico, el cual sancionó los principios derivados de la filosofía civil del siglo XVIII y de la conquista de la Revolución francesa asegurada a la burguesía. Y aquí está el vicio fundamental.

El ideal que inspiró la obra legislativa de la Revolución francesa fue la omnipotencia de la Razón y de la Libertad como suficiente por sí sola para asegurar la reorganización social. La filosofía de las leyes fue la del individualismo, esto es, la mayor expansión posible de la persona humana; filosofía que surgió entonces como necesaria reacción contra el estado político y económico de la época, es decir, contra el despotismo monárquico, la desigualdad de condiciones, el régimen corporativo, la mano muerta feudal y nobiliaria, las restricciones a la libertad del

4 El régimen jurídico debe seguir la vía de las transformaciones que sobrevienen en los sistemas de producción, siendo el más actual imperativo el de armonizar el Derecho con tales transformaciones, con las ideas desarrolladas bajo el impulso de los progresos habidos en los modos de producción.

trabajo, del comercio, de la industria, el régimen fiscal opresivo, el mercantilismo y el proteccionismo.

De conformidad con esta filosofía, el fundamento de la idea del derecho es el respeto que cada hombre debe tener a la libertad de su semejante, idea que, aun en su forma más desarrollada, es puramente negativa; formándose así sobre tal ideal un derecho con función constantemente negativa, a saber: impedir que la potencialidad del derecho ajeno, aunque sea por sí sola irrealizable, sufra lesión alguna.

Proclamase un mínimum de moralidad: el respeto a su semejante, quedando así en la inacción las fuerzas determinantes del bienestar de los individuos, y sin reconocerse los estrechos vínculos componentes del agregado social. Semejante norma directiva de moral deja libre el campo al desenvolvimiento de los egoísmos individuales que se manifiestan bajo dos formas paralelas e igualmente funestas: la guerra y la concurrencia. De ahí derivó el individualismo teórico y su predominio sobre los demás elementos sociales, y que las relaciones de los hombres se regulen únicamente por la ley de la oferta y la demanda, por el cálculo exacto del dar y del tomar, por la aritmética de lo tuyo y de lo mío, por el intercambio realizado sea como fuere, sin excluir la mentira, el fraude y la violencia, en tanto la perturbación social que ocasionen no requiera la sanción penal.

Se dirá que la concurrencia es el motor principal de la actividad por la emulación que establece entre los intereses. La verdad es que tal emulación se asemeja terriblemente a la guerra, que no es otra cosa que la emulación de la fuerza, de las ambiciones y de la concupiscencia. Muy pocos son los apologistas de la guerra, porque se siente por todos la idea de que la guerra es precisamente lo opuesto al progreso moral y tiene por efecto suprimir el sentimiento del derecho en provecho de la fuerza y sustituir la violencia y la crueldad a la justicia y a la humanidad.

Y en estado de guerra se encuentra toda sociedad en la que cada persona es impulsada por la preocupación exclusiva de los propios intereses, y en la que cada uno trata de tomar para sí cuanto puede y de dar a los demás lo menos posible. Guerra que coloca a los débiles en situación desventajosa, aún cuando no sea materialmente conculcado el principio de respeto al prójimo, tanto al declarar lícita toda acción no determinante de un aumento de los bienes sociales, y representativa solamente de la satisfacción de fines egoístas, cuanto al permitir toda forma de acaparamiento de la riqueza que restrinja o anule la cooperación de cada uno en la obra de la producción.

He aquí el principio filosófico en que se inspira nuestra legislación, basada, según enseñaban los filósofos del siglo XVIII, en la noción del individuo y de la propiedad. Al hombre se le supone aislado; las relaciones humanas existen por la voluntad de los individuos; la legislación positiva debe proteger la libertad y la propiedad. La libertad es el ideal jurídico; hay que asegurar a todos un máximo de ella: la ley debe solo fijar la norma de coexistencia, sin apreciar el grado de la moralidad de los actos de cada uno, bastando que no se lesione la libertad de los demás.

Las consecuencias de semejantes principios fueron aplicadas con lógica rigurosa.

Individualista en su esencia es el derecho patrimonial al proteger el interés de los que poseen y olvidar el social, por virtud de la presunción común a los economistas clásicos de que quien obra en interés propio concurre al interés general. La ley prescinde de la naturaleza de los sentimientos que mueven al individuo, a quien considera autónomo e independiente de los demás; siendo concomitante de tal autonomía la doctrina de los derechos personales que tanta importancia tiene en el derecho administrativo[5]. Si el Código regula el contrato de sociedad, prohíbe el de asociación, relegado de este modo al campo del derecho público. Supone siempre que el individuo obra no en tanto tiene intereses comunes con sus semejantes, sino en cuanto opone los suyos a los de los demás, en consecuencia de lo cual cada uno debe pensar en sí y en sus propios fines. Podrá la ley establecer la norma de coexistencia, pero no se ocupará de agrupar los intereses individuales divergentes en intereses sociales, creando así relaciones de coordinación o de solidaridad; y a lo sumo, excepcionalmente, determinará cuando el interés social puede prevalecer sobre el privado.

Fruto también de la concepción individualista es no haber consagrado el principio de la mutua ayuda, el del abuso del derecho y de la extensión de la responsabilidad, aún con

---

5 ...Y en conexión con tal autonomía se sitúa la doctrina de los derechos subjetivos que tanta importancia alcanza en el campo del derecho administrativo.

independencia de la culpa material: conceptos que, según el derecho, pertenecen a la moral. Solo se ven derechos frente a obligaciones netamente definidas, derechos que no atempera una justicia solidaria.

Dejar hacer, dejar pasar, en economía como en derecho, en cuanto no se lesione un derecho ajeno equivalente y la ley: como si el conjunto de nuestros intereses bastase a convertirnos en virtuosos y justos hacia los demás. El individuo se gobierna por sí; la voluntad individual ha de ser plena, libre, inviolable, constituyendo ley entre las partes contratantes: cada uno debe respetar los pactos estipulados, cualesquiera que sean sus condiciones y consecuencias. El juez deberá por tanto interpretar o suplir la voluntad, no corregirla o limitarla.

Los derechos adquiridos son inviolables, perpetuos, exclusivos. El abuso es el uso. No se tienen en cuenta las consecuencias sociales que el ejercicio y la perpetuidad de esos derechos pueden producir.

Derechos patrimoniales, propiedad, sucesión: todo descansa sobre base individualista. Cada uno para sí, siendo fin último de la actividad del individuo la máxima de Guizot: ¡Enriqueceos!

Tales son los conceptos formulados en tantos artículos y escrupulosamente observados en todas las relaciones. El legislador interviene en el menor número de casos porque todos gozan de la misma libertad e igualdad y porque se debe favorecer el desenvolvimiento de la autonomía. Tanto mejor respecto a aquellos más aptos para el desenvolvimiento de su propia personalidad.

Así queda el campo libre al egoísmo o a aquel altruismo subjetivo que actúa dentro del reducido recinto de la sentimentalidad y no crea obligaciones jurídicas. Si la riqueza se adquiere a expensas de la miseria, si el capital aumenta cercenando la remuneración del trabajador, si los antagonismos crecen, si surge una nueva esclavitud, si se manifiestan el absurdo y la iniquidad, el legislador en obsequio a los principios del liberalismo y del individualismo, cierra los ojos, la ley permanece muda.

II. — Derecho público y Derecho privado

Inherente al principio ético-filosófico *"respeta al individuo en su esfera"*, y a las consecuencias individualistas que de él derivan, por ejemplo, que el individuo tiene una órbita propia y el Estado y la sociedad tienen otra, el legislador ha dividido el campo jurídico en dos partes sin conexión alguna entre sí, a la vez que ha escindido la vida individual en dos principios, como si en cada hombre existieran dos naturalezas con dos esferas distintas de acción, una para la vida privada, otra para la pública. En la primera, el hombre se ofrece como un microcosmo, un todo separado del universo, y los fines que puede realizar en este recinto peculiar suyo, nada tienen de común con los que se propone la colectividad de que forma parte.

El moderno derecho privado considera aún al hombre como lo hacían los Romanos, de modo que persiste la definición de Ulpiano de que el derecho privado es *"quod ad singulorum utilitatem spectat"* opuesto al público *"quod ad statum rei romanae spectat"*. Un derecho privado semejante significa la autonomía del individuo. De este modo el derecho individual no debe su existencia a la sociedad, de la que el Estado es órgano jurídico, sino que existe por su propia virtualidad y lleva en sí mismo su justificación.

Que la utilidad individual concuerde más o menos con la colectiva es cosa indiferente para el legislador, salvo en cuanto puede interesar al orden público, al que no es lícito contravenir. Y aquí resalta el derecho público ejerciendo una función negativa y no positiva, sin vincular la libertad civil para enderezarla a determinados fines sociales, afirmando su acción solo cuando la libertad perturba el orden público, o cuando puede dañar alguna categoría de intereses especiales, como en materia de aguas o de servidumbres legales. El orden público representa un concepto vago y relativo, el orden de las clases directoras, el aseguramiento de su derecho, y realmente los filósofos que han formulado la teoría del Estado[6] condensan el contenido del orden público en la protección de la propiedad. Pero en el Estado no existen solamente los intereses de los propietarios, sino otros muchos que tienen mayor motivo de ser representados y defendidos; debiendo constituir el objetivo final del legislador

6 ...del Estado de derecho.

la coordinación de todos los intereses, el desenvolvimiento de todas las energías, el asegurar a toda la actividad los medios de ejercitarse y de convertirse en valor. Por consiguiente, debe imperar, no el concepto negativo del orden público, sino el positivo de la solidaridad.

Toda tentativa de determinar le esfera de acción del derecho público y del derecho privado, objetivamente, según tales argumentos, falla en teoría, porque la esfera del uno y del otro se penetran mutuamente en cuanto el derecho privado recibe del Estado su sanción, y el Estado tiene en la autonomía del derecho privado el fundamento de su existencia; y si se trata de fines de utilidad, tanto el Estado depende del bienestar de sus miembros, como este de un buen funcionamiento de aquél. Derecho público y derecho privado son dos funciones diversas, pero recíprocas, de la sociedad, y la prosperidad del todo depende del exacto cumplimiento de ambas. Considerarlos como distintos y antitéticos es arrebatar al derecho privado su función social y convertirlo en socialmente indiferente, o sea privarlo de aquella simpatía que debe ser la base de las relaciones entre los asociados, a la vez que escindir la unidad de la vida social.

Examinemos la definición del derecho privado. Aquel que sirve a la utilidad del individuo; luego su campo es el del interés y el de la fuerza. Cada hombre ambiciona su propio interés, realizar el mayor grado posible de utilidad. Si entran en lucha varios apetitos ¿quién vencerá? La voluntad o, como dice Spinoza, el Derecho natural es la fuerza. A esto conduce prácticamente el derecho privado considerado en su autonomía. Su unilateralidad lo despoja de toda función social y lo reduce a un mero instrumento económico en manos del individuo para asegurarle el éxito de su actividad procaz y el máximum de riqueza. Ahora bien, la riqueza no es solamente un medio de bienestar en manos del individuo, sino también un elemento importante y un factor eficaz de la vida social. No puede producirse ni acrecentarse la riqueza sino mediante el concurso activo y solidario de muchísimas energías, colaborando a tal fin gentes muy diversas; cuyo hecho es tanto más evidente en la edad moderna, por acentuarse en su vida económica el concurso multiforme de una solidaridad más íntima e intensa. Tratar de conseguir la riqueza en el mundo moderno, en cualquier forma, produciéndola o haciéndola circular, es tomar parte en una labor social, y el derecho privado que representa precisamente la protección de esa labor no puede dejar de ser social.

La separación del derecho privado del público y la negativa a considerar a aquél parte y función conexa con toda la vida social es consecuencia del principio individualista de concebir la coexistencia, más bien como aproximación de individuos viviendo autonómicamente con acción independiente entre sí, que como asociación de elementos unificados en vida y en espíritu. Con tal separación el individuo toma todo de la sociedad sin restituir nada; pide a la sociedad los medios necesarios para sí, aprovechándose de todo perfeccionamiento, sin verse obligado a otra cosa que a no ofender la libertad de los demás. Tal es el ideal de la justicia liberal, negativa, atomística, que no encierra en sí la exigencia de la armonía de intereses, ni la unidad de la vida colectiva, en la que el todo está hecho para el individuo, así como el individuo debe estarlo para el todo. Las relaciones de hombre a hombre no pueden medirse por dos criterios, según que se trate del interés general o del interés particular, del derecho público o del derecho privado. Se da únicamente el criterio progresivo de justicia, cuanto más se eleva la civilización, y tan indivisible debe ser la unidad del derecho, como la unidad de los fines que debe cumplir la sociedad y los individuos que la constituyen y que se resumen en la mayor elevación de la personalidad humana.

Todas las instituciones jurídicas se resienten de esta separación en el campo del derecho privado. La crítica de la doctrina atomística moral y del individualismo económico son pertinentes al individualismo jurídico[7]. En el derecho familiar y en el sucesorio, en el de la propiedad y en el de los contratos, se ve al individuo como fin del derecho y a la sociedad como medio para obtener el fin, se observa una desproporción entre los derechos del individuo y sus deberes respecto al todo, y, así, prescindiendo de la necesidad y estabilidad de la vida social, la acción de las leyes se dirige solo a asegurar la mayor utilidad individual.

La dirección la imprimen el *neminem laedere* y el *suum cuique tribuere*. Pero se entiende asignado a cada uno su derecho y que

---

7 Las críticas dirigidas a las doctrinas morales atomistas y al individualismo económico son también pertinentes al caso del individualismo jurídico.

no se ofende el de los demás, es decir, que se cumple la justicia, tanto en el caso de que el capitalista observe escrupulosamente una condición pactada, retribuyendo con escaso salario una jornada larga y fatigosa, como en el caso del débil que sufre resignado la consecuencia de su debilidad natural e inmerecida. Se ve claramente que el concepto de justicia en ambos casos no responde a las exigencias de nuestra conciencia moral, y es intuitivo que los dos principios enunciados, que inspiran el vigente derecho y resumen la filosofía del individualismo moral y jurídico, no protegen a los débiles, representados en nuestra sociedad por la clase obrera y la clase pobre[8].

III. — Libertad e igualdad

Nuestras leyes no han traspasado la idea moral en que se basaba el derecho romano, respecto al modo de concebir, de actuar y de proteger el derecho. Se ha progresado poco en la vida jurídica, mientras se ha avanzado mucho más en la idea moral de la conciencia colectiva. Bajo la influencia de la inimitable perfección técnica del modelo, se han descuidado las demás normas morales que debieran haber encontrado sanción en los Códigos, o se ha estimado difícil insertarlas sin que resultare discordancia.

No recordemos la gran superioridad del derecho romano, la potencia de su lógica, por la que ha llegado a ser el contenido de las legislaciones más perfeccionadas, el agente directivo del pensamiento y de la educación jurídica de las generaciones modernas, a las que ha proporcionado el tecnicismo y el lenguaje. Pero observemos que el derecho romano corresponde al pueblo que ha formulado con mayor precisión y rigidez el concepto individualista de la propiedad, el de la autonomía del individuo en el derecho privado, y la noción más inflexible y absoluta de lo tuyo y de lo mío. Estos elementos, más aun que sus demás cualidades formales, le han consagrado como ley fundamental de los pueblos modernos de Europa; y la sociedad que surgía de la Revolución francesa y había abolido la propiedad feudal, no podía encontrar ley más acomodada que la romana a sus necesidades, a las exigencias de la clase llamada al poder, y

8 ...A los débiles que, en nuestra sociedad, son las clases trabajadoras y las clases desposeídas.

lo monopolizaba en su provecho, y a las consecuencias de su liberalismo económico.

Las bases de nuestro derecho privado, son, como queda dicho, la libertad y la igualdad. ¿Pero qué es libertad en nuestro orden económico? Lo que los antiguos llamaban la fuerza, lo que consiente a unos pocos multimillonarios tener en sus manos las condiciones de la producción o de la venta de un objeto en todo un país, de suerte que los consumidores deben someterse a su voluntad. ¿Dónde está la libertad de los consumidores ante la libertad de un trust? El trust es el colectivismo en beneficio de uno solo. ¿Dónde está la libertad del obrero que ofrece sus brazos en el mercado del trabajo? ¿Es la libertad de aceptar su salario? ¿Es libre el agricultor de modificar los pactos agrarios y de establecer el interés del capital que necesita? En cambio el propietario o el industrial que proporciona el trabajo, es libre para cerrar la fábrica o dejar inculta la tierra, y a esto se llama prolongación de la personalidad humana. El obrero es libre de no aceptar el pacto, de no trabajar, tiene la libertad de morirse de hambre; he aquí la consecuencia del individualismo jurídico. El pueblo soberano es libre para desplegar su actividad, para desenvolver como quiera su personalidad, con tal que renuncie a la existencia.

Que cada uno se las arregle como pueda: la ley no se halla dispuesta a intervenir sino cuando se perturbe el orden público o las buenas costumbres. ¿Supone lo convenido iniquidad, usura exorbitante, pacto leonino? Peor para quien lo aceptó. Ya lo sabía; no debió aceptar. *Pacta servantur.* ¿Se ve privado el obrero del fruto de su trabajo? ¿Es injusta la retribución? Libre era de no trabajar. Cada cual es libre de contratar en un sentido o en otro; nadie puede sustraerse a las consecuencias de lo estipulado porque era libre de aceptarlo o no: *"Voluit, etsi coactus voluit"*. La ley se inclina ante esta falsa concepción de la libertad, permaneciendo apática, negativa, frente a la batalla del egoísmo, a la caza de la ganancia, en la lucha económica entre fuertes y débiles.

Pero nuestra idea moral es más exigente, y repetimos que la libertad no puede ser arbitrio ni ejercicio de la fuerza individual, ni potestad ilimitada de satisfacer la propia utilidad, y de hacer del hombre un instrumento; por el contrario debe siempre subordinarse a los intereses sociales, a las relaciones de convivencia, reconociendo a la personalidad humana un valor absoluto. Para nosotros no basta que la ley proteja el derecho del individuo, sino que debe imponer el respeto de su dignidad moral, y establecer límites y freno a la libertad contractual en el sentido que el egoísmo no oprima al que debe siempre sufrirlo.

La libertad sin derechos es nula, y los derechos no valen sin garantía[9]. La libertad debe significar capacidad efectiva de hacer, esto es, fuerza necesaria para convertirse en actos, con la sanción coactiva del derecho. ¿De qué sirve reconocer la libertad, sin poder hacerla efectiva? Un derecho que no es efectivo, no es tal derecho.

La ley, así como presupone la libertad, presupone también la igualdad del derecho, conquista esta última de la sociedad moderna sobre los privilegios de la Edad Media. La proclamó la Revolución francesa y como observaba Comte. la doctrina de la igualdad como dogma absoluto era una simple protesta contra la desigualdad procedente de la Edad Media. Todos los hombres son naturalmente iguales, derivando las desigualdades de la vida social. Si todos tuviéramos la misma educación, la misma instrucción, los mismos beneficios naturales, habríamos conservado también la igualdad natural. Si la sociedad tratase a todos por igual, no habría desigualdad. Pero la sociedad y los hombres multiplican esta, y la ley, en vez de tenerla en cuenta, aplica a todos la misma medida[10].

La propia idea de igualdad natural, condujo al error individualista; si todos somos iguales, todos somos capaces de proveer a nuestras necesidades, es decir, cada uno por sí, sin tener en cuenta a los demás. ¿Para qué preocuparse la ley de esto o de aquello? ¿Por qué intervenir entre los igualmente aptos para defenderse? Cada uno que se preocupe de sí mismo; la solución del problema social, como decía Bastiat, se encontrará en sí mismo, vendrá por sí misma. Lejos de esto, la desigualdad ha aumentado[11]; la concentración capitalista, siempre fuerte aun sin la potencialidad atribuida por la doctrina marxista,

9 Las libertades nada son sino derechos y los derechos nada valen sin garantías.

10 Pero la sociedad y los hombres multiplican las desigualdades, siendo la preponderancia precisamente producto del orden jurídico; y la ley, en vez de atender tales desigualdades, aplica a todos la misma medida.

11 Lejos de esto, las desigualdades no desaparecen, sino que se acrecientan en la medida que la ley las ignora.

el industrialismo y otras causas económicas, contribuyen a acrecentarla creando una clase de privilegiados que ha adquirido individualmente una mayor suma de derechos efectivos sin que la ley —pudiendo hacerlo— haya creado las obligaciones correlativas. ¿En virtud de que la sociedad hubiera impuesto a los más capaces obligaciones sociales? ¿Por qué una protección para remediar la repartición desordenada de derechos si todos somos iguales?

Pero, al menos, la Revolución francesa, en su segunda fase, mantiene realizable y viva la igualdad; mientras que en nuestras leyes se ofrece como un supuesto, sin proponer remedios posibles a la realidad de la desigualdad, sin hacer que la desigualdad de obligaciones y de derechos efectivos sea correlativa a la desigualdad de capacidad. El querer considerar y tratar de modo igual a personas desiguales crea la verdadera desigualdad y a este principio abstracto de igualdad que no tiene en cuenta las desigualdades sociales e individuales, se agrega la efectiva imposibilidad de actuar la justicia contra todos.

Santo Tomás expresa en forma precisa la noción de la igualdad: "*Consistit aequalitas distributivae justiciae in hoc quod diversis personis diversa tribuuntur, secundum proportionem ad dignitatem personarum*". Para poseer una igual libertad como fundamento de la justicia, se necesitaría que la libertad fuese efectiva, y no lo es. Si la justicia es la igualdad de derecho ¿se realiza cuando uno recibe más de aquello que produce y el otro menos? Habiendo desequilibrio, no es posible la justicia, porque la igualdad y la libertad comienzan precisamente cuando desaparece el desequilibrio. De un lado vemos a unos que pueden aprovecharse de la fuerza acumulada y disciplinada de la sociedad, del opuesto, otros que no obtienen de ella el menor beneficio; unos, deudores eternamente, otros, acreedores perpetuos. ¿Cabe emplear el mismo criterio de igualdad entre partes tan distintas?

IV.—El Derecho Romano

Nuestros Códigos descansan sobre la gran base del derecho romano, del cual han heredado, repetimos, las instituciones principales y el espíritu individualista, adaptándolo a los intereses de una parte sola de nuestra sociedad. ¿Ha sido socialmente beneficiosa su acción sobre nuestras ideas jurídicas?

Comencemos con un recuerdo histórico. Es notorio que los señores de Alemania, al tiempo de la Reforma luterana, interesados en despojar a los campesinos de sus derechos sobre la tierra, se apresuraron a desterrar de los tribunales las leyes germanas y los magistrados nacionales, sustituyéndolos respectivamente por el derecho romano de Justiniano y por jueces italianos. Con la ayuda del derecho extranjero, de aquél derecho que tantos siglos antes había despojado a los campesinos de Italia y acumulado la tierra en manos de pocos latifundistas, los nobles tudescos desahuciaron a los campesinos de sus cabañas, reduciéndolos a la condición de proletarios, sin tierra, sin pan, clamando venganza a la insurrección y al saqueo.

Es manifiesta la necesidad histórica que ha asegurado al derecho romano su difusión e importancia, y nos inclinamos ante tan incomparable instrumento de técnica jurídica. Pero al mismo tiempo es evidente que ha servido para proporcionar a la clase poseedora una posición de privilegio, del mismo modo que sirvió durante la Edad Media en la lucha del Imperio contra los Municipios y la Iglesia, que lo prohibió a clérigos y monjes.

Los mismos que han exaltado más la íntima belleza técnica y esquemática del derecho de la Roma antigua, no han podido ocultar los defectos sociales en que abunda, especialmente en relación a nuestra vida moral, a las exigencias de una parte de los individuos, de la clase trabajadora, que no encuentra en él protección ni simpatía. El Estado imperial romano hubo de comprender la necesidad de crear numerosas instituciones protectoras de los débiles, una serie de contrapesos y medidas con cierto aspecto de socialismo de Estado; todo, aparte del derecho codificado, como medidas de orden administrativo que no alteraron el espíritu de la legislación después codificada, tal como llegó a nosotros. Así la misma administración imperial reconoció preciso atenuar la rigidez del derecho y completarlo en lo relativo a la protección de los débiles. Pero nosotros hemos adoptado el derecho de Roma sin los correctivos sociales que la experiencia mostró como necesarios.

Observemos también que el derecho de Roma se formó para una sociedad con esclavitud, para una economía industrial infantil, sobre la base de artesanos, más bien de producción doméstica, para un pueblo que no conocía un derecho del trabajo y mucho menos la protección del mismo. Toda solicitud dirigiese entonces hacia la propiedad inmueble, base de la economía social y doméstica; todo fue para la propiedad territorial. Y tan pronto esta se reunió en las manos de una pequeña minoría, una vez expropiados los propietarios rurales, el derecho reflejó la constitución económica de una sociedad, en la que se hallaban separados tierra y trabajo, en la que los detentadores de la riqueza habían expropiado a la masa de sus instrumentos de trabajo y la ley protegía a esta minoría facilitándole las armas para perpetuar su dominio sobre la mayoría de los desheredados.

El Derecho romano nació de la lucha de clases y de la victoria de los propietarios sobre los trabajadores siervos o libres. La población urbana industrial, no existía en la antigüedad, como tampoco forma alguna de capitalismo industrial semejante al moderno. Solo existía el capital usurario; y de aquí que el derecho conociese solo el abuso de la usura y de la propiedad. Y esta propiedad despojada de todo deber moral y social: el propietario podía desahuciar al colono, transformar el campo en prados, en desiertos, en lagos, dejar que el agua no canalizada invadiera las propiedades, hacer sentir hambre a los pueblos, quemar los graneros, desfondar las botas de vino, realizar toda clase de extravagancias, usar y abusar de la tierra; todo al amparo de su derecho y sin responder ante nadie. Este mismo derecho consideraba cosa al siervo, el trabajo servil como mercancía o equiparado al arrendamiento de cosas. La esclavitud ha influido siempre en las relaciones sociales, imprimiéndolas un sello de dureza, del que no estuvo exento el derecho de Roma.

Uno de los que lo han estudiado en todos sus aspectos y lo han interpretado con mayor agudeza y genialidad, Ihering, lo definió el sistema del egoísmo disciplinado. Lo informa un rudo absolutismo, una libertad despótica y egoísta. La actividad individual se regula por los siguientes cánones: "*Unusquisque est suae rei moderator et arbiter*", "*qui iure suo utitur nemimem laedit*", cuyo significado egoísta queda ya determinado. El jurista que desenvuelve tales principios y el magistrado que los aplica, prefieren la construcción lógica y la perfección matemática a la consecuencia de la ley en sus relaciones sociales.

En las relaciones privadas, el Derecho romano se propone exclusivamente favorecer la utilidad del individuo, en sí mismo, con ausencia de toda idealidad social. La libertad que proclama y reconoce abstractamente en todo hombre, solo lo es para una parte de los hombres, resultando socialmente un privilegio. La igualdad de derecho que presupone, es una abstracción que ignora todas las desigualdades individuales y sociales, agotándose en conflictos de intereses y de necesidades, en los cuales triunfan solo los fuertes en perjuicio de los débiles. Estos principios de igualdad abstracta, en los cuales se prescinde de toda diferencia de hecho, económica y social, son el reflejo de la antítesis entre plutocracia y proletariado, en medio de la cual nació y se desarrolló el Derecho romano; por lo cual fue necesariamente, un derecho de los dueños de esclavos, que no invistió a la propiedad de ningún deber social, que no llevó en sí ningún principio de solidaridad, que no otorgó consideración al trabajo, que estimó indigno el comercio en pequeño, que reputó mercancía el salario, que no vio en el mundo más que una lucha salvaje por el lucro, una batalla de intereses con el triunfo de los conocedores de las leyes, de los fuertes. ¿Qué concurso puede reportar a la constitución de los principios de una organización del trabajo, hacia la que debe tender la legislación moderna?

Toda doctrina sociológica del derecho romano se resume en la máxima: ¡*Beati possidentes*! A los que tienen, toda la protección legal, *In pari causa melior est conditio possidentis*: serán también preferidos. El ejercicio del derecho propio aunque sea socialmente injusto, no constituye violencia: *"Non videtur vim facere qui iure suo utitur"*. El uso del propio derecho se convierte en instrumento de expoliación y la libertad de consentimiento se reduce a optar en el dilema, perfectamente lícito, la bolsa o la vida. *"Nemo videtur fraudare eos qui sciunt et consentiunt"*. Se permite el engaño a los contratantes y cada uno se debe preservar de él por sí solo: *"Contrahentibus licet permissum sit iure civili se invicem decipere... non tarnen id convenit bono viro"*. *"Nullum videtur dolum facere qui iure suo utitur"*.

La lesión y los daños que un tercero sufra por el ejercicio de un derecho, son daños accidentales no determinantes de responsabilidad. Si surge un daño, si alguien sufre, ha de resignarse, debiendo concederse preferencia a la utilidad del que ejercita su derecho. Formulada de tal modo semejante máxima, lógica en un sistema de individualismo jurídico, ¿es compatible con la tendencia de nuestra época dominada por un criterio económico-social? Según el espíritu que va penetrando nuestra civilización, a nadie se concede obrar según su libertad, sin coordinar su acción al bien colectivo; y la conciencia colectiva posee la intuición de que, quien quiere ejercitar un derecho, por ejemplo, industrial, sin aquéllas nociones indispensables para tal ejercicio, quien es dueño de una propiedad o una empresa excepcionalmente peligrosa, tiene mayores obligaciones y más graves responsabilidades por las consecuencias de su actividad.

A muchos de estos aforismos son aplicables a las mil maravillas las palabras de profunda verdad que Goethe pone en boca de Mefistófeles: "Hemos heredado el derecho y las leyes como un mal eterno". Tales axiomas transmitidos de generación en generación han adquirido cada vez mayor fuerza[12] y bastantes de ellos han servido admirablemente para perpetuar errores o injusticias, sobre todo en la práctica. Muchos de estos aforismos han obstruido el camino por el cual pudo ejercitar su acción en la práctica la doctrina libre de prejuicios y han ofuscado la mente, porque cada axioma representa un dogma que excluye el razonamiento y como tal falsea el juicio, desvía la reflexión, inmovilizándola en un estrecho círculo de ideas.

Pero aun hay más: en la práctica han empeorado muchas doctrinas romanas, se han perdido muchos correctivos introducidos por aquel derecho, y abandonado algunos remedios que atemperaban las exageraciones del individualismo. Por ejemplo: el Derecho romano, refrenaba la usura, el concepto de la diligencia del buen padre de familia tenía una correspondencia concreta y efectiva, se mantenía rigurosa y prácticamente la unidad de la familia, se prohibía la cesión de derechos a persona más poderosa, porque se sabía que *Aurum lex sequitur,* como decía Propercio, y que *Pauper ubique jacet,* como lamentaba Ovidio. La ley atribuía mayor latitud al juez para reparar *iniquitates iuris, angustiae iuris;* otros principios, como el de la libertad contractual, absoluta e individualista, se dulcificaba por sagaces contrapesos, como la *actio doli,* que como hace notar Brugi podemos sin escrúpulo extender a las consecuencias dañosas de la libre concurrencia, y la misma ficción del perfecto

12 ...Más fuerza que la misma razón.

conocimiento de las normas de la ley, se mitigaba por una especial consideración a las *personae miserabiles.*

V.—La ignorancia del Derecho

Sí; el derecho romano había aliviado de este modo una de las consecuencias de la igualdad del derecho, en cuanto recae especialmente en perjuicio de la clase desheredada. Las leyes actuales en cambio, para apoyar la igualdad jurídica, admiten falsos supuestos, como la igual capacidad y libertad de todos, el perfecto conocimiento de la ley también por todos, de donde derivan los siguientes principios: *"Nemine licet ignorare ius:—Ignorantia iuris non excusat:—Nemo censetur ignorare legem:—Ignorare plus est quam errare."*

Estas máximas contienen una presunción infundada. Si el derecho descansara sobre los diez mandamientos, nada más lógico que pretender que todos lo debemos conocer; ¿pero cabe arsenal más copioso que el de nuestras leyes? Nuestro derecho es una ciencia que requiere larga preparación, estudio, práctica e inteligencia, cosas que no están en el patrimonio de todos.

Los juristas romanos en conexión a la *ignorantia iuris* habían dividido el delito en dos categorías: los delitos del derecho de gentes y los del derecho civil. La *ratio naturalis,* decían, en cuya posesión se encuentran todos los pueblos civilizados, indica una serie de delitos respecto a la cual cabe presumir una *universalis iuris scientia.* La conciencia jurídica refinada del pueblo romano incluyó un mayor número de infracciones. El conocimiento de esta diversidad y de su razón condujo a la división expuesta que encontró, sin embargo, en la práctica la mayor incertidumbre. A pesar de ello, los juristas romanos no llegaron hasta sostener que en los *delicta iuris civilis* a nadie era lícito excusarse con la *ignorantia iuris*[13], sino que determinadas personas, los menores, la mujer, los soldados, los aldeanos, podían invocarla, pareciéndoles inadmisible que ciertas contravenciones, que lo eran solo desde un punto de vista dado, se ofreciesen como tales respecto a quienes no cabía estuvieren compenetrados con el espíritu de la ley.

13 Pero los juristas romanos no llegaron al extremo de decir que, respecto a los *delicta iuris civilis,* cualquiera podía excusarse por *ignorantia iuris...*

Nuestro derecho presupone y pretende que un obrero, un pobre, un analfabeto sepa lo que no sabe frecuentemente un hombre técnico, y que frecuentemente ignora el instruido, y el rico, pero el cual tiene siempre a su disposición una turba de abogados. Los que no tienen medios, la clase obrera en particular, se hallan expuestos a ser tratados de hecho como clases ricas, en perjuicio suyo no merecido. No pueden tener siempre a su disposición un abogado, y si acaso, en una mínima parte, mediante sacrificios que no pueden soportar largo tiempo. Por consiguiente, los desheredados, demandantes o demandados, por lo difícil, largo y costoso del procedimiento, por su imposibilidad de comprender el lenguaje técnico del foro, no pueden defenderse convenientemente, viéndose en la necesidad de renunciar a sus pretensiones o exponerse a perder más. Se objetará que existe la defensa gratuita, a lo que cabe responder que en una sociedad en que todo se paga, los servicios gratuitos vienen a resultar lo peor. Podrá añadirse: si faltan defensores, el juez vela por la aplicación más exacta del derecho. Pero es también ilusorio, porque es canon del derecho imperante que el juez no puede coadyuvar a la defensa de ninguna de las partes. Aunque se convenza de lo contrario, debe atenerse a la verdad oficial resultante del debate[14] y sentenciar *secundum acta et probata*. No tiene iniciativa alguna, y esta pasividad favorece al rico que con la ayuda de los abogados dirigen el pleito, multiplican los incidentes, dominan la prueba y los peritos y pueden cuidar de sus intereses judiciales, siendo ya sabido que la curia enseña que *"vigilantibus iura sucurrunt"*.

Es necesario dejar al juez mayor latitud para que pueda aplicar con más frecuencia la equidad y corregir con su buen sentido el rigor del Derecho; siendo dable extender el sistema del juez Magnaud sin que se hunda el mundo, ni se subviertan los Códigos. Y un poco más de justicia social determinará mayor beneficio que todas las declaraciones teóricas de igualdad jurídica. Y en cuanto a la ignorancia del derecho podría aceptarse el siguiente principio de interpretación: respecto a los hechos en los cuales se dan consecuencias dependientes de la voluntad, debe admitirse la ignorancia. Así como en los contratos la ignorancia del derecho, en tanto puede influir sobre la voluntad, aunque sea negativamente, y para determinar la

14 ...A la verdad formal establecida en el procedimiento.

formación, modificación o extinción de un vínculo jurídico, tiene fuerza de excusa y también de dirimente, en cuanto ha viciado el consentimiento, de igual modo el juez debe poder, por analogía, extenderla a otros casos donde lo requiera la equidad; por ejemplo, a los actos de última voluntad, cuando sea evidente que se hubiera evitado el error o la nulidad de haberse conocido la ley. Al arbitrio judicial puede dejarse la equitativa aplicación de la ley en varios casos. Es inicuo que la ignorancia sea culpable en el individuo y causa de grave daño, de la que solo es responsable la sociedad en virtud del mezquino conocimiento de la ley comunicado a quien es impuesta.

El nuevo Código civil del Imperio alemán ha introducido una fórmula sugerida por Menger y destinada a producir buenos frutos, a saber: asimilación de la ignorancia por culpa y especialmente por la grave al conocimiento, y por consecuencia, presunción a favor de la ignorancia simple y de buena fe; habiendo ya los comentaristas puesto de manifiesto las consecuencias socialmente útiles que derivan de tal principio.

VI. —*El particularismo del derecho*

Existen, pues, causas de orden general teórico que vician las leyes, que impiden a no pocas disposiciones conseguir la equidad, es decir la igualdad en el resultado respecto a todos los individuos de cualquier condición o cultura, la adaptación a las desigualdades que son el producto de causas naturales y sociales. Su universalidad se resuelve en parcialidad, y por haberse mirado solo al hombre abstracto, defecto de los legisladores filósofos, se ha perdido de vista el hombre real en sus variadísimas situaciones. Nuestros Códigos confirman también lo que enseña la historia de todas las legislaciones, esto es, que reflejan la condición, las necesidades, la vida social de la clase detentadora de la riqueza y del poder, que son leyes unilaterales, no exentas del particularismo de clase.

Esto ha sido siempre la historia. Los intereses de la clase dominante han prevalecido en todo momento de la manera más exagerada en la formación del derecho, y esto solo puede negarse por ceguera, prejuicio o mala fe.

El derecho es un hecho social, y las leyes no hacen más que sancionar las relaciones económicas, las formas de producción y distribución tal como se nos presentan. Esta es la obra de todos aquellos que tienen en sus manos el poder, constituido por la clase material y moralmente más fuerte y mejor dotada, la cual monopoliza el Estado, las leyes, tribunales, policía, en provecho propio y en perjuicio de las clases más débiles. Los que gozan del poder se esfuerzan en imponer a la sociedad todas las condiciones favorables a su preponderancia, y cuanto sirve a justificarla, consolidarla, perpetuarla. Las leyes son asimismo concesiones estratégicas destinadas a prolongar el triunfo del vencedor, permitiendo obtener la sujeción jurídica del vencido. Una clase no se contenta con abusar de la otra, sino que quiere que su abuso se respete, y que parezca a su víctima buena, legítima, natural, necesaria[15]. Si ejerce el mando militar, enseña a los dirigidos que la obediencia pasiva, el acatamiento a sus jefes, la admiración de su superioridad, son virtudes heroicas. Si posee la propiedad, no se contenta con defenderla, con castigar al que coge un puñado de hierba aunque se muera de hambre, sino que educa al proletariado en un respeto supersticioso por ella, y le enseña que la resignación y la pobreza, son dos grandes virtudes Todo atentado a la propiedad es una acción deshonrosa; el hombre de honor debe dejar morir de hambre a su mujer y a sus hijos, antes de coger una espiga, cazar o pescar en la propiedad ajena.

En un principio, los sacerdotes comunicaban el derecho a las naciones como una revelación del cielo del que eran mensajeros, o los guerreros en unión de los sacerdotes: en un caso y en otro, los fuertes y los astutos siempre creaban el derecho en beneficio propio: los que tenían, imponían las leyes a los que no tenían, reservando para sí la tutela de las posiciones conquistadas, concediendo solo a los segundos el mínimo de protección necesario para la tranquilidad del grupo social director, a los que sujetaban de este modo a su bienestar y explotaban en su exclusivo interés.

También el derecho actual es obra de los propietarios y de los capitalistas, o sea la norma que estos, c mejor dicho, las instituciones económicas de que son representantes, han impuesto a la clase proletaria para conservar su dominio

---

15 Una clase no se contenta con explotar a otra, sino que procura que la explotación sea respetada, que su víctima se la represente como intrínsecamente buena, legítima, natural, necesaria.

y acrecentar su riqueza. He aquí porqué la clase obrera y desheredada carece de todo valor ante las leyes antiguas y aun las vigentes, estatuidas en su perjuicio, hallándose colocadas en una situación inferior[16].

Todas nuestras instituciones privadas se codificaron en una época en que la propiedad era todo y el trabajo nada o casi nada, en la que el poder era detentado por las clases terratenientes, que habían ordenado en su favor tributos, impuestos, sistemas protectores, y, en suma, el derecho todo. La masa del pueblo sin parte en la propiedad ni en el gobierno, ni en la educación, no tenía conciencia del derecho. El natural lo sancionaba todo, en correspondencia a una naturaleza humana, eterna e inmutable; y la Revolución francesa, sí admitió nuevas clases al goce del derecho, no modificó la supremacía de los intereses o derechos históricamente adquiridos, y el derecho continuó como un sistema organizado para la protección de la propiedad y del capital. Las reformas introducidas lo fueron en la parte obstativa a la burguesía, clase surgida de los sucesos políticos de la Revolución, y que había obtenido la dirección política del Estado, para conseguir su completa prosperidad e independencia económica, ya mediante la propiedad territorial, ya por el capital mobiliario. La burguesía obtuvo conquistas sobre las antiguas clases directoras, clero y nobleza, y proveyó amplia y diligentemente a sus propios intereses innovando el patrimonio transmitido por la costumbre y la ciencia en cuanto conducía a su incremento moral y material. Tal es el verdadero contenido histórico de nuestras leyes; tal es su espíritu, y he aquí por qué el cuarto estado, que ahora comienza a moverse, no puede ni podrá hallar en los Códigos vigentes la justa protección que reclama para sus necesidades.

Por esto es muy justificado el apelativo de burgués que ilustrados pensadores, no socialistas, han dado en Francia al Código de Napoleón, ampliable a los derivados de él: "Códigos de una sociedad burguesa y de familias que poseen un patrimonio más o menos considerable; pero no Código del trabajo o de los trabajadores". Por eso se ha aplicado igual calificativo al nuevo Código civil alemán, Código que ha cerrado el siglo XIX, como lo

16 De ahí que las clases trabajadoras y desposeídas no sean apreciadas por las leyes pretéritas y presentes, o que resulten incluso alineadas en posición inferior; de ahí que la ley privada contractual se resuelva fatalmente en perjuicio de tales clases.

abrió el francés. El tercer estado, creó el derecho unitario francés; la burguesía industrial alemana ha formado el derecho unitario alemán, y la burguesía italiana que dio vida a la Unidad, hizo también el Código civil italiano. Y todos estos Códigos se han creado para asegurar la propiedad, favorecer la acumulación y la conservación de la riqueza. *"El Código de Napoleón, escribe Marx, es el Código del embargo, de la subasta"*. Los Códigos actuales expresan a lo sumo la fórmula elaborada y docta, que asegura completa protección a determinados derechos preconstituidos, mientras olvida los demás.

Es imposible ponerse en contacto con la realidad sin sorprenderse de las lagunas e injusticias de la ley, sin verse obligado a reconocer que el derecho existe para una débil minoría, la cual ha dejado el derecho privado casi como se encontraba, reformándolo solo en los puntos que debían servirla para la rápida conquista de la riqueza, aboliendo las vinculaciones feudales, nobiliarias, y mano muerta. Así, esta minoría imprimió a las instituciones el más odioso individualismo, hizo posible y legítima toda forma de egoísmo y de concurrencia, y eliminó costumbres que atemperaban los derechos del propietario; especialmente aquella equidad canónica que representaba un alto coeficiente de moralidad, una norma superior de justicia ideal, y que en los tribunales del pasado gozaba de tanta influencia. Al suprimir todos estos frenos que en tiempo de violencia y de despotismo había introducido la jurisprudencia, y colocando en su lugar un nuevo Leviatán, el individualismo empeoró la herencia legada por el pasado al presente.

Aquí cabe decir con razón que nuestro derecho privado es el heredero de las angostas concepciones jurídicas precedentes fundadas sobre la protección de la propiedad, empeoradas desde el punto de vista social, en cuanto mirando casi exclusivamente al derecho de la minoría, detentadora de la riqueza, de la tierra y de los instrumentos de trabajo, no provee a los intereses de la clase no poseedora, de los trabajadores del campo y de la industria, que constituyen la mayoría del pueblo, el 95 por 100 de la nación.

Nuestra legislación, como el derecho natural, llevan un vicio de origen, el carácter de leyes de clase[17]. Examínese la filosofía

17 ...Un vicio de origen, el no haber superado el carácter de leyes de clase.

del derecho, la que presidió al nacimiento de nuestros Códigos, la que leía en el libro de la naturaleza la norma de conducta para los hombres y la sociedad, y se verá cómo, olvidándose en la práctica de su transcendentalismo, solo refleja el horizonte pequeño de las instituciones tradicionales, no va más allá de las necesidades de las clases dominantes, convirtiéndose en filosofía de los que poseen. ¿Cómo se puede, en efecto, explicar que los filósofos del derecho natural no hubiesen admitido el derecho a la vida? Se puede perdonar a los legisladores no haber encontrado todavía el modo de realizarlo, mas no absolver a esos filósofos que proclamaron abstractamente un derecho natural, consecuencia de la vida, y encontraron que, según la naturaleza, el hombre tiene derechos a los que no puede renunciar. La verdad es que la filosofía en que se inspiran nuestros legisladores, no es más que el producto espiritual de la clase dominante; el reflejo del orden económico y jurídico en que prosperaba esa clase. Los filósofos lo justificaron como otras veces habían justificado la esclavitud y la tiranía.

Lo que constituye verdaderamente el bienestar general, esto es, para la masa, la seguridad de la persona, un modo de vivir humano, una vida regular, entra por una proporción muy débil en las leyes del Estado actual, que reposa sobre la utilidad organizada de un pequeño número de potentados y privilegiados. Esto no quita que, como en el pasado, los intereses del grupo social más potente sean proclamados concomitantes del bien general y erigidos en fin último del Estado.

En resumen, la ley que debería ser protección de los intereses de los más, del interés social, no lo es. Al contrario, está al servicio de los pocos y protege solo un lado de la vida social, el de la propiedad, el más exclusivo y egoísta. Semejante preferencia choca contra las reivindicaciones que al presente imperan en el mundo, las cuales solicitan una protección que las elevará a la categoría de derechos. No existe solo la burguesía, ni debe atenderse a su influencia y a la protección de la propiedad; concurre también el trabajo —el factor principal de la vida social moderna— que exige su reconocimiento, y existen también los intereses de la clase obrera, los cuales no son otra cosa que los fines universales de la humanidad.

VII. — *PROPIEDAD Y TRABAJO EN LAS LEYES*

La prueba de que el derecho italiano privado refleja en grado excesivo los intereses de las clases poseedoras, de la burguesía acumuladora de las rentas y beneficios, mientras la clase obrera ha sido completamente olvidada, la tenemos en el centenar de artículos que regulan, hasta la exageración, el derecho de propiedad frente al mísero artículo que habla del arrendamiento de servicios. ¡Cuánta solicitud con el arrendamiento de los inmuebles! ¡Qué preocupación por muchas cosas nimias reguladas en sus más fútiles detalles! Y en tanto al contrato de trabajo se le consagra un artículo que contiene una disposición completamente inútil. Esta materia capital se relega —como cosa insignificante— a un título, donde el lugar de honor se otorga al arrendamiento de las casas y bienes rústicos, a las empresas de transporte. Por el contrario hay dos secciones dedicadas al arrendamiento de animales. Entiende el legislador, dicen los civilistas, que el arrendamiento de servicios se resuelve en una obligación de hacer, y que bastan a regularla las normas del derecho común. Parece ocioso, se añade, entrar en explicaciones menudas sobre un contrato que se presenta con una simplicidad extraordinaria, como todos aquellos en los que las obligaciones de las partes se encuentran claramente delineadas por la razón natural.

En tal caso, la misma razón natural debería bastar para regular con claridad idéntica la materia de los otros contratos, y resultaría más sencillo prescindir de todos los códigos. Y en qué medida esta razón natural ha revelado a los industriales sus deberes en el establecimiento de las horas de trabajo, el tipo del salario, las normas del aprendizaje, del despido y tantos otros particulares, lo saben los obreros, lo dicen los huelguistas y lo reconocen las legislaciones que, bajo la presión del proletariado organizado, han acudido a su remedio.

De su silencio no puede tener excusa el legislador italiano, ni aun diciendo que al tiempo de la codificación no había gran industria y la fábrica apenas se hallaba en sus comienzos, que el obrero confundíase con el artesano independiente, que la producción capitalista no tenía importancia y que todo obrero conocía a su patrono, con el cual discutía libremente las condiciones del trabajo, del salario, etc. Conforme con todo esto. Pero el salario existía ya; existía la fábrica, si no con grandes motores, con un número, mayor o menor, de operarios; había minas y trabajos insalubres y nocturnos, labor a destajo, pago del salario en especie; y existía también una inmensa población de labradores, braceros, obreros manuales, domésticos, que tenían deberes y derechos[18].

Constituía todo esto un mundo de intereses que no era prudente ni equitativo someter en gran parte a leyes de policía, siempre restrictivas y de suspicacia, que imponen molestias y no reconocen derechos, y menos aún abandonarlo a la costumbre, nacida en época en que los débiles eran aún más débiles, los obreros se hallaban tiranizados, sometidos a vejaciones y no circundaba al trabajo la debida dignidad.

Ante este silencio sobre el trabajo, mientras todas las complacencias y solicitudes son para la propiedad, mientras con tanta perfección se han regulado otros contratos, no es exagerado decir que nuestras leyes privadas llevan el sello de la clase que las ha dictado, en ventaja exclusiva de sus intereses.

¡Contradicción extraña, propia de un período de transición como el nuestro! Se ha reconocido la igualdad de derechos entre el patrono y el obrero, pero no la importancia social del trabajo que, si ha cesado de ser servil, no ha recibido fuerza de derecho, consideración de esta sociedad, que se encuentra, como la antigua, llena de prejuicios contra la actividad manual, forma de actividad de naturaleza inferior.

Las leyes no reconocen un derecho del trabajo y lo abandonan, como una merced[19], a la violencia de la concurrencia, a las oscilaciones de la oferta y de la demanda, al reglamento de la fábrica. El derecho es fuerza social y quien carece de derecho, nada vale en sociedad. En nuestra sociedad el derecho privado, existe solo para la propiedad. Quien nada tiene se halla proscrito del derecho. La cosa es todo, el hombre nada.

Se dice que el legislador no debe intervenir en relaciones que nacen de la libre contratación, bastándole garantir su libertad. A esto atiende el Código penal, que interviene con su acción punitiva, cuando la libertad ha sido violada materialmente. Pero no son estas transgresiones violentas las que sufre la clase proletaria, sino otras que precisan la acción preventiva

18 ...Criados, los cuales, si tienen deberes, también tienen derechos.

19 ...Como una mercancía.

e integradora del legislador. Si este hubiere seguido la misma regla respecto de la propiedad, si hubiese dejado que los bienes necesarios a la actividad económica gozasen de la más desenfrenada libertad, entregándolos a la concurrencia, si, en una palabra, no hubiese reconocido derechos de propiedad, ni tampoco deberes, restricciones, reglas, necesariamente habría sobrevenido el desorden, la disolución de toda vida social. Por el contrario, el legislador, no solo ha previsto con leyes penales los ataques a la propiedad, sino que los códigos se han consagrado casi por entero a establecer la base, el funcionamiento y el derecho activo de la misma. De igual suerte la falta de un derecho activo, de una protección jurídica para la persona y para el trabajo trae aparejado el desorden.

Así, denegando al trabajo la posición asegurada a la propiedad, y reduciendo la actividad muscular y la capacidad intelectual a una mercancía, sin derechos, los ha abandonado a las combinaciones del mercado, a la especulación, a las duras necesidades de la vida. Y la ley que ha establecido el precio o tasa legal del dinero, no ha creído deber hacer otro tanto para el trabajo, ni aun asegurar el mínimo para la existencia —tan a menudo violado en labores agrícolas, durante la estación invernal, con los salarios de hambre, insuficientes a mantener unidos el espíritu y el cuerpo.

La legislación burguesa tiene lo que es propio de todas las leyes y que Buckle llama el espíritu protector, esto es, el recabar para sí todos los privilegios. Sus miras dirigiéronse exclusivamente a la defensa de sus intereses. La propiedad lo fue todo y el trabajo quedó desconsiderado, arrumbado, indefenso. Y de este espíritu exclusivista del derecho privado, por virtud del cual el principio del derecho es la riqueza, no el hombre, surge una debilidad, una causa de malestar, un divorcio con las reivindicaciones de la clase trabajadora y de la conciencia colectiva.

Y ya en este punto, casi no sería necesario combatir la última y decisiva objeción, a saber: si existieran las necesidades que se alegan, las leyes las habrían regulado, porque el derecho es un hecho social y no lo hace el legislador; la existencia de las leyes actuales muestra que estas y no otras son, por el momento, las posibles. La misión de la ley —se dice— es sancionar las relaciones jurídicas existentes, respetar las instituciones y las tradiciones. Cuando la sociedad cambie, cambiará también la ley. Si en esta existen defectos sociales, no son de imputar al legislador sino a la sociedad y a su régimen económico.

¿Pero qué es el legislador? ¿No se transforma la sociedad? ¿No se reclaman ya nuevas reivindicaciones? ¿Por qué permanece aquél inmóvil y no va a su encuentro? ¿Y acaso ha regulado todas las relaciones existentes con una sola medida, con la misma equidad o con parcialidad incontrastable?

VIII. – *Derecho de propiedad*

El Código civil es ante todo una grande y minuciosa regulación de la propiedad inmueble. Lo confesaron los compiladores del Código napoleónico: *"Objeto principal y preferente del Código es regular los principios del derecho de propiedad"*. La propiedad es la base de la organización familiar y de los contratos, como lo es de la constitución política, y el interés en favor de la propiedad se ofrece en cada página. La misma abundancia de las disposiciones traduce la preocupación de las clases directoras de hacer invulnerable lo que constituía su fuerza, proclamando derechos sin fin y admitiendo los menos deberes posibles.

Una ley francesa de 1849 prohibía, bajo graves penas, discutir el principio de la propiedad privada; nuestros Códigos, más prácticos, han pensado favorecer su desenvolvimiento, procurando su concentración en manos de la burguesía con la abolición de las manos muertas eclesiásticas, los fideicomisos, disolución de las comunidades de bienes, venta de propios, etc.

Entre las mayores incoherencias de la Revolución francesa se halla en primera línea su posición respecto de la propiedad inmueble. La Revolución se agita entre el pensamiento de Voltaire: *"Libertad y propiedad; he aquí el grito de la naturaleza"*, el de Maury: *"¿Queréis ser libres? Sin propiedad no tendréis libertad"* y el de Rousseau: *"Estáis perdidos si olvidáis que los frutos son de todos y que la tierra no es de nadie"*. El Código napoleónico mantiene todos los principios antiguos, sin dejar campo para las nuevas reivindicaciones de las que ya se advertían diversos signos precursores. Lo mismo ha hecho el Código italiano: no ha creado nada, por el contrario, empeoró persiguiendo a muerte aquellos derechos sobre la tierra, estatuidos a favor de la población rural, que los antiguos juristas habían defendido contra las violencias feudales, declarándolos necesarios para la vida.

La definición considera la propiedad como los romanos: "Derecho de gozar y disponer de la cosa de la manera más absoluta, mientras no se haga de ella un uso prohibido por las leyes y por los reglamentos". Así, no se elimina el abuso. El propietario puede dejar sus bienes improductivos, sus campos incultos, su casa abandonada. Puede oponerse, sin interés ninguno, a que un tercero obtenga un beneficio y puede, por fin, destruir la cosa. Por el derecho de cerrar su casa, puede privar a su vecino de aire, de luz, de vistas. Puede acaparar el suelo urbano y no edificar y resistir todas las reclamaciones en previsión de un aumento de valor de aquél, obtenido sin su concurso. No se le obliga a tener las habitaciones que arrienda en condiciones decentes e higiénicas, sin humedad; por el contrario puede libremente ofrecer en las poblaciones sótanos inmundos, y en el campo cuevas donde un agricultor medianamente acomodado no colocaría a sus animales. Es dueño del subsuelo y de lo que sobre él se levanta; puede hacer excavaciones en su fundo, cegar la vena de agua que alimenta el pozo de su vecino, y derribar el muro que sostiene la casa contigua, cuando no se halla sujeto a servidumbre. No debe reembolsar las mejoras hechas en su propiedad por el usufructuario, por el colono, por el poseedor de buena fe. Puede despoblar los montes, salvo las restricciones de las leyes forestales, y distraer los cursos de agua y facilitar las inundaciones.

Si otras leyes no hubiesen sometido el derecho del propietario a la intervención y al consentimiento del Estado, y si una parte del rédito no fuere retraído por este título de impuesto, se daría lo que Spencer llama despotismo de la propiedad.

Pero no se ha avanzado lo bastante para que este terrible derecho, como lo llamaba Beccaria, deje de tener multitud de inconvenientes que recaen esencialmente sobre las clases trabajadoras.

Todas las disposiciones del Código sobre la renta de la tierra, o sea, sobre el derecho de los propietarios al pago por los cultivadores del uso de los agentes naturales, no tienden a otra cosa que a mantener en la situación más beneficiosa a los que no han hecho sacrificios, anticipos, con exclusión del trabajo. La ley abandona la numerosa clase de campesinos, de braceros, de trabajadores agrícolas, a merced de los que no tienen más que extender la mano para recibir la oferta de la comunidad. Peor para los primeros si se hunden y quedan destrozados en la lucha de la concurrencia.

Examinemos las disposiciones sobre el arrendamiento. La ley favorece los arrendamientos breves, en los que el dueño puede tener anualmente el derecho de subir el precio, como sucede cuando advierte los buenos resultados obtenidos en su tierra por la labor ajena. En el arrendamiento el valor de la tierra crece en beneficio exclusivo del propietario, que no contribuye al aumento y recompensa al que lo ha producido aumentando la renta a cada renovación del contrato[20].

Por otra parte, ¿qué mayor injusticia, —como dice Gianturco— que declarar válida la renuncia a los casos fortuitos, previstos e imprevistos, por lo cual si la cosecha se pierde, el arrendatario debe pagar la renta? —¿qué estimar válida la renuncia a la indemnización por las mejoras hechas por el colono, cuando por incumplimiento del contrato se ve obligado a abandonar el fundo, antes de poder recoger los frutos de las mejoras? Y se niega también toda remisión o reducción de canon al enfiteuta por esterilidad insólita o pérdida de los frutos,— disminución que ni siquiera puede pretenderse si el fundo se destruye en parte, cuando se trata de pagar el canon, importando poco por lo demás que el enfiteuta después del trabajo y de gastos se quede con las manos vacías.

Siempre se encuentra favorecida la condición del dueño en daño del cultivador, sea arrendatario o enfiteuta. El contrato de aparcería se extingue por la muerte del aparcero, sí esta acontece antes de los cuatro últimos meses del año; y así se quita a la familia del arrendatario, los frutos que no maduran en el año, como en la plantación de viñas, en la que ha puesto el colono gastos y trabajo. ¿Pero acaso la muerte del arrendatario resuelve el contrato del arrendamiento? ¿Y no sería más justo que, muriendo el cabeza de familia, la familia que debe reducir los gastos pudiese o no rescindir el contrato? ¿No es esto un beneficio reservado exclusivamente al propietario? ¿Y en cambio, por qué es distinto el criterio respecto al hijo del colono difunto, al cual se intima el *veteres migrate coloni* en el momento

---

20 ...A cada renovación del contrato, apropiándose así en forma creciente lo que es producto del trabajo ajeno.

de su mayor desventura, mientras el patrono tiene siempre la acostumbrada garantía y puede despedir al hijo si no cultiva bien?

El mismo carácter tienen las disposiciones según las cuales el arrendatario debe pagar la renta íntegra cuando la pérdida de la cosecha es inferior a la mitad, o sea, cuando la desgracia ha hecho desaparecer aquel margen que suele quedar al arrendatario, cubiertos los gastos, para mantener a su familia. *Volenti non fit injuria,* se dirá; pero el arrendatario no puede querer su ruina, ni aceptar el pacto de pagar, perdida la labor. Se puede en un contrato asegurar la parte de un riesgo, pero en tal caso el precio más bajo compensa el pacto del seguro. Si este falta y por otra parte la renta es la consecuencia de un disfrute, como el alquiler lo es de la casa, la disposición se resuelve en una injusticia.

Si el trabajo hubiese sido considerado, habríanse sancionado distintas disposiciones. Una ley tutelar del trabajo no permitiría su goce arbitrario e ilegítimo.

La función social de la propiedad no se halla consagrada en ningún título. Queda íntegro el latifundio en su antigua forma de cultivo, no obstante haber hecho algo los Papas para obligar a los propietarios del agro romano a cultivarlo. Al contrario, la legislación italiana favorece el desarrollo de los grandes arrendamientos y de los subarrendamientos, el absentismo del latifundista, el pauperismo de los labriegos, la formación de una clase de intermediarios que a bajo precio acaparan y monopolizan la propiedad de los grandes propietarios y la dividen en pequeños lotes que arriendan a altos precios a verdaderos cultivadores faltos de capital, realizando la usura en su forma más baja y criminal —verdaderos arrendatarios que aseguran al dueño una renta fija.— Los contratos agrarios más usurarios, las cláusulas más tiránicas, las renuncias más onerosas hallan franca la puerta de la libertad contractual. Se ha conservado la enfiteusis, pero de modo inservible, cuando se debería, reformándola respecto a la indivisibilidad del canon y a la liberación, hacerla obligatoria para los latifundios. Por el contrario nuestro Código no atiende sino a asegurar a la burguesía la adquisición de la tierra y su circulación; liquidó la mano muerta eclesiástica, admite la liberación enfitéutica, cierra los ojos sobre las usurpaciones de los dominios comunales, los dispersa, formando sobre sus ruinas el nuevo feudo burgués. Y en cambio no contiene una medida beneficiosa en favor de los obreros.

IX – *Derecho de familia*

El mismo Derecho de familia lleva el sello del predominio que la defensa de la propiedad ha tenido sobre otro orden de ideas. También aquí se ve cómo la parte de la sociedad que tiene la propiedad inmueble y dispone de la riqueza, ha cuidado solo de los intereses materiales, de lo mío y de lo tuyo, de la propiedad, dejando en segundo lugar los derechos de la personalidad humana, único patrimonio de las clases obreras.

Las disposiciones relativas a la familia, se refieren a situaciones que se dan solamente en la clase poseedora, la cual ha ordenado las instituciones familiares en ventaja suya, para la tutela de sus intereses, sin tener en cuenta las condiciones de la familia obrera, o abundando en particulares inútiles para esta, e indirectamente dañosos. Por ejemplo, la facultad concedida a los padres de cuidar de la prole a su voluntad se resuelve exclusivamente en un privilegio de la clase poseedora en daño de los hijos de los que nada poseen, cuyas madres, despojándolos de sus cuidados y atraídas por el dinero, los abandonan para ganar un salario como nodrizas. Cuando por capricho la maternidad no siente sus deberes y los cambia por un poco de dinero, ¿no son posible los frenos? Y en cualquier otro caso de fuerza mayor, ¿no son necesarias las medidas de previsión? El día en que la madre abandona su hogar y la cuna de su hijo, el hogar se destruye y sobre la cuna se abate la muerte. Mas semejantes consecuencias son ajenas a nuestras ideas jurídicas. El que se ve privado de medios, es un instrumento, una mercancía a disposición del que puede pagar; y por eso, retribuyendo el servicio, es lícito, legal, sustraer una madre del cumplimiento de sus deberes, alejarla de su prole, para que amamante hijos que no son suyos. La crianza de los hijos queda sometida a las leyes de la producción capitalista.

Y así como la ley debe regular esta crianza dorada que soporta alegre y estúpidamente su esclavitud, digna siempre de compasión, a fin de que las nodrizas no abandonen sus hijos hasta acabada la lactancia, de otra parte debe preocuparse también de las madres que no quieren conocer las cargas de la maternidad, fijando los casos en que sea lícito recurrir a la lactancia retribuida. Y puesto que la costumbre o la opinión pública es aun impotente para inspirar el sentimiento del deber, la ley debe defender la vida de los niños pobres. ¿No existen ya reglamentos de higiene que entienden en tan delicada materia? ¿Constituiría acaso violación de la libertad contractual la tutela de la salud y existencia de la infancia pobre?

X. – *Los hijos ilegítimos*

La inferioridad de los hijos ilegítimos y especialmente la prohibición de la investigación de la paternidad no representan más que medidas legales encaminadas a defender los intereses de la clase rica, en perjuicio de la otra. Es notorio que el legislador francés, al abolir el antiguo principio de que el hijo ilegítimo podía por cualquier medio legal buscar su propio padre y que la madre podía obligar al seductor a mantenerla, fue inducido por el pretexto de defender la familia y la herencia, e impedir escándalos entre las familias ricas en cuyo seno tienen los hijos ilegítimos interés material en entrar para encontrar no tanto un nombre como los bienes. Y como los seductores reclutan siempre sus víctimas entre las obreras y las criadas, claro que esta medida se resuelve en un expediente para asegurar una impunidad injusta e inmoral, en daño de los desheredados. El legislador timorato y púdico ha temido los abusos: pero, ¿dónde no son estos posibles?[21] ¿Y cuántos fallos basados en prueba moral o de inducción no se pronuncian todos los días, no solo en la esfera penal, sino en materia de reconocimiento de paternidad o de maternidad?

No constituye homenaje a la igualdad castigar a la mujer y absolver de toda responsabilidad al hombre, verdadero culpable; y es también inmoral este absentismo de la ley en orden al padre que desconoce sus deberes y se sustrae a las consecuencias de su maldad.

Los efectos de la prohibición de la investigación de la paternidad recaen sobre las jóvenes seducidas pobres. Por prevenir escándalos en la familia de los ricos se ha creado la

---

21 ¿ ...Posible? ¿Es que debe sacrificarse un derecho porque su prueba resulte difícil? ¿Y cuántos fallos...?

irresponsabilidad del libertinaje. Es verdad que la jurisprudencia, ante la flagrante injusticia, otorga hoy una acción de daños y perjuicios a la muchacha seducida que llega a ser madre; pero esto puede representar una indemnización para la madre, y muy poco o nada para el hijo. No constituye una reparación, y el hombre pagando un poco de dinero se libra a un mismo tiempo y para siempre de la madre y del hijo.

La paz y la alegría del hogar doméstico dependen de la dignidad y de la tranquilidad de la mujer. La injusticia de las costumbres, tan tolerante para el seductor, es inexorable para la seducida. No hay piedad para ella, mientras se felicita al Don Juan; y entretanto la víctima llena los cuadros de la prostitución, y los hijos se lanzan por el camino de la delincuencia.

Se dice que la mujer se defiende mejor, cuando no espera ninguna indemnización, Solución cínica y falsa. ¿Qué puede la fuerza de voluntad de una muchacha pobre ante las artes de la seducción con promesa de matrimonio? ¿Por qué, pues, no protegerla?

Las leyes han pensado más en la cosa perdida que en los hijos naturales, y he aquí porqué los hospicios recogen el 90 por 100 de estos seres que el libertinaje abandona en medio de la calle. Todos los días se legalizan monopolios en el derecho privado, creándose garantías en defensa de todo aborto del ingenio humano, y se protege la especulación de la charlatanería. Pero respecto al patrimonio sagrado de la mujer ha dicho la ley: que la mujer guarde por sí su propiedad moral; intervendré si hay violencia. Pero hay violencia, y tan temible como el rapto y la fuerza bruta, en el tejido de seducciones y de promesas, facilitadas por el abuso de autoridad o de confianza, y realizadas respecto a muchachas siempre necesitadas, cuyas privaciones y el instinto no las hace insensibles al brillo del lujo, a seres cuya fuerza moral, el ambiente corrompido de la fábrica, la misma educación, las convierte en impotentes para combatir el enemigo. He aquí por qué el legislador debe intervenir.

No concebimos cómo la mujer, a quien la ley declara incapaz hasta los veintiún años para contratar, disponer de los bienes, contraer matrimonio sin consentimiento de los padres, puede disponer, sin embargo, de su patrimonio, el honor, cuando no tiene experiencia, cuando no está protegida contra los peligros, la astucia, la promesa, las miradas falaces, cuando su corazón se abre ingenuamente a las dulces palabras de la seducción.

En relación al proyecto del Código penal se ha dicho que el legislador no debe invadir el campo de la moralidad, pero aquí estamos en el campo jurídico; el honor es un derecho, es una propiedad, y la seducción es un fraude.

Por otra parte, en los centros industriales abundan las uniones libres, y el mejor medio para combatirlas, será la investigación de la paternidad y su equiparación al matrimonio respecto a los deberes hacia la prole y los derechos de esta al nombre y a los alimentos del padre o de la madre, tanto más cuanto que en ningún caso se puede alegar la posesión de estado[22].

Es preciso admitir la investigación de la paternidad, como también una acción por la mera seducción y, si la mujer queda en estado interesante, la de daños, mediante un procedimiento rápido, con defensa gratuita, e indemnización proporcional a la fortuna del culpable; sin olvidar que en todos estos procesos están frente a frente el vaso de bronce y el de barro: una familia potente, el nombre de una familia, y los que nada saben ni tienen.

No todo ha de darse por terminado con la mera asignación de alimentos, pues debe desaparecer la diferencia entre acción de investigar y acción alimenticia, diferencia que se resuelve en una hipocresía y en una verdadera mentira convencional. En efecto, una vez determinada la filiación y la certeza de la responsabilidad, no es justo que el hijo a quien una sentencia irrevocable confiere el derecho de ser mantenido por una persona, por ser su padre, no tenga igualmente el de llevar su apellido y gozar de la situación de hijo natural reconocido, asumiendo los relativos deberes; distinción fundada en tradiciones históricas y que ninguna razón seria justifica. El hijo natural declarado o reconocido debe ser considerado por la ley, respecto a sus progenitores, como un verdadero hijo; obteniendo sanción especial, si no preferente, las obligaciones

22 Nos encontramos, por otra parte, los matrimonios exclusivamente religiosos y las uniones libres que abundan en los centros industriales; para combatirlos, a los unos y a las otras, nada mejor que la investigación de la paternidad y la equiparación de tales relaciones a las establecidas mediante matrimonio de derecho civil respecto a los deberes hacia la prole y a todos los derechos de esta —el apellido y los otros derechos más sustanciosos —frente al padre tanto como frente a la madre; y con más razón cuanto en ningún otro caso nos encontramos con una posesión de estado tan evidente.

derivadas de la patria potestad, al efecto de que aseguren el exacto cumplimiento de los deberes inherentes.

No solo la causa de la moralidad, sino también los derechos del proletariado, reclaman esta reforma, requerida ya por todas las partes. Nuestra moralidad es más exigente y elevada que la de la ley, e impone a esta la intervención para que la debilidad de una clase no sirva de pasto al abuso por los mil medios que posee la más poderosa[23].

Por eso se debe proteger las víctimas de la seducción y los hijos naturales, imponiendo crecidas responsabilidades pecuniarias, extensivas a los padres, cuando se trate de hijos de familia. Se debe asegurar a la madre una posición económica proporcionada a los medios del seductor, y alimentos provisionales durante la gestación, el parto, la lactancia. No debe admitirse la *exceptio plurium concubemtium,* si probare la mujer haber cohabitado, con aquél contra quien se dirige, en el período de la concepción, o que ha sido mantenida por él. Se concederá a la posesión de estado un mayor valor, y se disminuirá la diferencia entre hijos ilegítimos y legítimos. Con estos frenos, las aventuras de la seducción y las uniones libres determinarán tal responsabilidad, que todos, pero especialmente los ricos, lo pensarán mucho antes de interesarse en aquello que al presente conceptuamos lazos de amor fáciles y pasajeros. Y esto beneficiaría también a la familia legítima.

XI. – *Patria potestad y Tutela*

También exigen reforma ambas instituciones desde el punto de vista social y en lo concerniente a los intereses morales del proletariado.

Constituida la patria potestad, no en interés del padre sino del hijo, debe integrar un conjunto de deberes más que de derechos, e impedir por consiguiente, que el padre los olvide, mediante una mayor responsabilidad por toda omisión culpable. Medida excelente es la efectividad de la instrucción elemental y el castigo de los padres que no manden sus hijos a las escuelas, castigando también a los que no les enseñen un oficio, porque

23 ...La más poderosa. Que opere la coacción de un derecho ofendido allí donde el imperativo del deber no resulte suficiente.

es de interés social que todos sepamos trabajar, y poseamos una educación moral e intelectual adecuada.

En nuestra legislación, la tutela y el consejo de familia son instituciones ordenadas exclusivamente a la conservación del patrimonio y por lo tanto sin eficacia práctica para el proletariado. El legislador se ha preocupado solo de los intereses materiales del pupilo, y nada en absoluto de los morales, y ha descuidado completamente la protección de los menores más desgraciados, o sea, los que carecen de bienes.

La acción del Estado acaba cuando el juez convoca al consejo de familia y resuelve sobre el nombramiento de tutor. Si por falta de medios, miseria o malicia, los parientes dejan abandonado al huérfano; si las cuatro personas designadas por el juez entre los amigos del padre del hijo ilegítimo, le entregan a su triste destino; si los dos concejales que deben ser tutores del ilegítimo no reconocido, por atender sus propios asuntos olvidan sus deberes civiles, ninguno incurrirá en responsabilidad.

La ley, abundante en sanciones relativas a la buena administración de la tutela de los menores ricos, no ha establecido ninguna para la defensa del cuerpo y del espíritu de los que nada tienen; ha procurado que no se dilapide ni una peseta ni se escape su manejo a la intervención judicial, mas no ha tomado medida alguna para conservar y cultivar el único patrimonio de los pobres, su corazón, su inteligencia, sus brazos. La naturaleza, cruel madrastra, le deja solo en el mundo, y peor para él si este camino le conduce a una casa de corrección, a un lupanar, a un hospital. Su educación no es materia propia del Código, sino de las leyes de carácter general o de beneficencia[24].

No; todo esto es propio de la ley y aun de una función judicial especial, como acertadamente propone con entusiasmo de apóstol, Cavagnari. La ley no debe solo ocuparse de la tierra y del capital, sino sobre todo de los derechos de la personalidad humana. Y estos derechos aparecerán en toda su pureza, no a través de la primacía por los bienes, sino cuando el trabajo sea apreciado en lo que vale, esto es, como fuerza que mueve el mundo.

No debe solamente proveer al presente y al porvenir de los niños y huérfanos pobres con leyes especiales sobre su trabajo;

---

24 ...Sino de la ley de orden público o, a lo más, de la beneficencia.

la ley general debe cumplir este fin, al menos en homenaje a la igualdad, estableciendo un sistema de previsión para la guarda de su persona, para su educación no distinta de la establecida para los bienes del pupilo. Y así como respecto a los menores con fortuna, vigila asidua la ley para que nadie pueda enajenar o hipotecar sus bienes sin intervención del tutor, protutor y consejo de familia[25], así deben existir otros órganos para impedir que el obrero menor pueda disponer de sus brazos en un trabajo fatigable con exceso y mal retribuido, ya que los parientes, con frecuencia más desgraciados que culpables, le abandonan o abusan antes de tiempo de sus débiles fuerzas.

Hoy nadie es responsable ni debe dar cuenta de si un trabajo prematuro, excesivo, desproporcionado, aniquila una existencia, destruyendo un porvenir o embruteciendo una inteligencia en vez de educarla. La verdadera igualdad requiere que los deberes impuestos por el Código al juez respecto al patrimonio del tutelado, se extiendan a la conservación de la salud moral y material del joven obrero, que no debe ser abandonado a la corriente de la necesidad.

XII. — *Derecho a alimentos*

Como lo ha hecho notar Polacco, el Código, en materia de alimentos, reduce el círculo de la familia a los hermanos mientras que en orden a la sucesión intestada lo extiende hasta el décimo grado[26]; de donde resulta que es pariente para tomar, más no para dar. Los antiguos decían al menos: *"Ubi est successionis emolumentum, ibi esse débet onus alimentorum"*; y es lógico que quien se beneficia de la ley, sucediendo abintestato al pariente rico, deba socorrerle si se encuentra en necesidad. Y no obstante consagrar un sentimiento de solidaridad familiar[27], la obligación no pasa a los hijos del hermano. Los sobrinos ricos pueden legalmente desconocer a sus tíos pobres, incapacitados para el trabajo, y peor para estos si la suerte les ha sido adversa. De manera muy diversa apreció el Código portugués de 1867 los vínculos familiares, al establecer que en defecto de padres, ascendientes o hermanos que puedan prestarles alimentos,

---

25 ...Sus bienes, y a tal fin se movilizan tutores, consejos de familia y jueces.

26 *El español, art.* 955, *lo limita al sexto* (N. del T. R. Oyuelos).

27 Y así no se consagra un sentimiento de solidaridad familiar...

tienen derecho a exigirlos hasta la edad de diez años de los parientes más próximos dentro del décimo grado, límite de la sucesión legítima colateral.

El mismo criterio restrictivo aplica el Código italiano a la filiación natural, admitiendo solo relaciones de parentesco entre el padre, el hijo y los descendientes legítimos de este. Para asegurar la santidad del matrimonio viola los lazos que creó la comunidad de sangre, y fiel a ese criterio, niega al hijo natural el derecho de reclamar alimentos del abuelo o del hermano. Se comprenden las consecuencias de tal restricción cuando el padre natural es un hijo de familia, pero es inicuo que un hijo natural reconocido deba recurrir a la caridad sin facultad de constreñir a la prestación de alimentos al abuelo o al hermano, cuyo apellido puede, sin embargo, ostentar, iniquidad no menor que la de preferir, en la sucesión intestada del hermano muerto sin descendiente legítimo o sin cónyuge, al Estado respecto al hermano natural criado en la misma casa al lado de otros naturales y acaso también de legítimos.

Si se ampliase la obligación de alimentos a la familia legítima como a la natural, según han hecho otras legislaciones, aparte de aligerarse las cargas de la beneficencia se atendería mejor a los incapacitados para el trabajo, a los niños y a los viejos de la clase obrera, se fortalecería el sentimiento familiar, que el individualismo consagrado por el Código tiende a debilitar, y se restituiría a la entidad familia una acción social más vigorosa.

XIII. – *La mujer*

Descúbrense aún respecto a ella rasgos de inferioridad injustificada, en orden a su participación en la tutela y en el consejo de familia. El contrato matrimonial se considera más bien unión material de bienes que moral o de espíritu. Cualquiera que sea el régimen bajo el que se contrajo matrimonio, impera siempre el poder autoritario del marido: a favor de este, la libertad: para la mujer, la tutela. En una palabra, absorción de la personalidad de la mujer.

Se regula, en los detalles más nimios, la dote constituida en bienes, y, por el contrario, se guarda completo silencio sobre la dote representada por fuerza de trabajo, por la habilidad profesional que aporta la obrera, la cual, sin embargo, requiere una protección particular y adecuada a sus circunstancias. Se dirá que su vida conyugal puede regularse por la norma de la comunidad de ganancias; pero el marido será siempre el administrador y podrá exigir que la mujer le entregue el producto de su trabajo. Se alegará también que si el marido malgasta su salario y el de su mujer, será dable a esta entablar judicialmente la separación, pero basta recordar que la clase obrera no entiende de estos procedimientos, que ve con terror lo largo, molesto y dispendioso de la administración de justicia, para convencerse de que todos los preceptos legales sobre la materia no están hechos para la mujer de un obrero. Para los pobres es imposible o ilusoria la separación de bienes.

El marido tiene derecho pleno sobre el salario de la mujer y esta carece de él respecto al del marido. ¿Por qué no proteger la familia obrera contra la disipación del cabeza de familia? Sería conveniente conceder a la mujer el derecho de retención, un privilegio, sobre parte del salario del marido, y la conservación de sus ganancias, aun sin recurrir a la separación personal. La ley inglesa y la danesa han consagrado el principio de la independencia de la mujer en orden a su salario. Cuando el marido disipa su salario o abandona a su mujer, se debería autorizar a esta, mediante un procedimiento rápido, para obtener del patrono una parte del salario del marido, haciéndole responsable del pago.

XIV. —*Derecho sucesorio*

He aquí imperante una solidaridad familiar desconocida cuando se trata de deberes. La familia vuelve a ofrecerse como el baluarte de la propiedad. Todos tienen derecho, ya forzoso, ya como esperanza, hasta el 10.° grado, sobre la base de la intangibilidad del principio individualista de la propiedad con el absurdo de reconocer el derecho de libre disposición *mortis causa* de todos los bienes a favor de un extraño dejando en la miseria a los hermanos, a quienes, sin embargo, en vida era forzoso socorrer por la obligación legal de alimentos subsistente entre colaterales.

¿Y qué decir de la sucesión hasta el 10.° grado? ¿Qué vínculos han de existir entre tales personas, cuando sabemos que la proporción de sangre es de 1/16 en el 4.° grado, de 1/64 en el

6.° grado y 1/256 en el 8.°? ¿Qué parentesco se siente y reconoce más allá del 4.°? Este debe ser el límite de la sucesión colateral, y más allá los bienes deben pasar al Municipio, para constituir con ellos un patrimonio en beneficio de la clase desheredada.

El gravar la sucesión en grados lejanos con un tanto por ciento elevado beneficia solo a la Hacienda, debiendo el legislador completar esto mediante una acción socialmente útil, limitando la libertad testamentaria y reduciendo los grados de sucesión. Es de interés general que los bienes constitutivos de la existencia económica de la sociedad se distribuyan de modo conveniente para las generaciones futuras. Quien hoy dispone del derecho de herencia, es árbitro de decidir lo que será la sociedad el día de mañana. Hasta el presente, las clases dominantes han regulado tal derecho de modo adecuado a perpetuar su dominio.

Los defensores de esta institución afirman que la actividad de los padres se siente estimulada extraordinariamente por su preocupación de asegurar a los hijos un porvenir, de donde debe concluirse que solo aquellos que poseen sientan tal preocupación y pueden intensificar su actividad. Pero salta lo contrario a la vista, y así vemos que constituyen la clase más activa y laboriosa de la sociedad, obreros, empleados públicos y particulares, hombres de ciencia, artistas retribuidos con una remuneración que cesa a su fallecimiento, o a lo más, con una pensión para la viuda, amantes de sus hijos, bastante más que los que viven de sus rentas y dejan a sus hijos la tierra y deudas, zozobra y tormento de nuestros gobernantes. Si la propiedad, como dice Menger, es un concepto eterno que no desaparecerá del todo de la vida social de la humanidad, si todos los fines de las clases no poseedoras pueden cumplirse mediante una transformación de la propiedad en armonía con los intereses de la colectividad, ciertamente que con el tiempo será imposible que los desheredados continúen aceptando el derecho hereditario tal como existe hoy.

XV. — *Derecho de obligaciones. Contrato de trabajo*

El derecho de las obligaciones es el que más afecta e interesa a diario a la clase obrera. Sus defectos sociales se advierten más cada día, y la necesidad de una reforma se deja sentir en la conciencia colectiva. Las legislaciones de los pueblos más avanzados en la industria o menos esclavos de la tradición, han determinado ya señalados progresos en esta materia.

En el campo de las obligaciones se encuentran los contratos que sujetan el trabajo y alimentan el capital con la plusvalía del trabajo no pagado, que le consideran como mercancía y al hombre como capital físico, reduciéndole a una máquina, escindiéndole de su personalidad moral. Y donde el individualismo económico, sobre la idea de la libertad contractual, de la equivalencia de las fuerzas contratantes, ha proclamado la libertad para todos y en todo, libertad de fijar el salario y el modo de pago, horas y demás condiciones del trabajo, libertad atribuida precisamente a quien debe someterse a lo estipulado o morir de hambre.

La libertad solo puede concederse en la medida en que se pruebe el interés colectivo; el individuo no lleva en sí un derecho personal y primitivo a la libertad de adquirir o contratar, sino que lo tiene a título de miembro de la sociedad a que pertenece y en razón s. los fines de utilidad colectiva para los cuales se ejercita. La libertad no existe, por tanto, sino en cuanto se garantiza el bienestar de la colectividad, dejando a la escuela del derecho natural el supuesto de una libertad ilimitada y la prueba de ser necesaria cualquier restricción. La libertad aplicada al otorgamiento de contratos de trabajo presupone un asunto completamente extraño a la propiedad social, un contrato común análogo a la aparcería de ganados o al depósito, cuyas condiciones pueden regularse por el libre acuerdo de las partes, siempre que no afecte en algún modo a los intereses de la sociedad. Si puede subsistir y justificarse esta confusión, es decir, si se tratase de eliminar del contrato del trabajo su carácter de interés social, de bien colectivo, cabe alegar que tal contrato es la base de todo el orden económico actual, la fuente del sostenimiento del 96 por ciento de la población, y por virtud del cual se desarrolla toda la vida de las naciones.

La exigencia moral de una mayor equidad en las relaciones económicas entre capitalistas de una parte y obreros de otra, descansa esencialmente sobre esta consideración: la no existencia de igualdad entre las partes otorgantes del contrato de trabajo, a causa de darse siempre en él la diferencia radical de que para una de ellas y no para la otra entra en juego la condición económica fundamental de su subsistencia. Una de las partes persigue en el contrato el medio de hacer producir el capital, la otra el de vivir. Y no es el capitalista el que busca al obrero, sino este a aquél, y para cada sitio vacante se ofrecen diez o ciento y siempre en las condiciones más desfavorables por no hallarse en situación de esperar, como los demás vendedores, otras más ventajosas. Háyanse en un estado de dependencia e impotencia efectiva, que no desaparece por la proclamación de la libertad abstracta, y como inferiores y más débiles económicamente no se encuentran en actitud de tratar de igual a igual con los empresarios. Por consecuencia, si estos, por deseo inmoderado de ganancia, imponen a los obreros condiciones inhumanas, esto es, de duración y fatiga de trabajo, que atenten al vigor del cuerpo y al desarrollo y perfeccionamiento espiritual, y los acepta, no debemos sorprendernos de ello, por ser resultado necesario de la libertad. Si se ofende la libertad humana y el obrero aparece rebajado en su calidad de hombre, esto es también imputable a la libertad.

Del hecho de desinteresarse el Estado de la regulación de las relaciones entre capitalistas y obreros, deriva que todo el derecho de obligaciones quede abandonado a la fuerza antisocial del egoísmo; siendo tal la organización del trabajo según el derecho privado, o lo que es lo mismo, conforme al interés individual del más poderoso. Este no encuentra en la ley limitación alguna relativa a la parte reservada para sí; remitiéndose al libre juego de las fuerzas contrarias de la concurrencia o de la especulación, suponiendo que el obrero puede asegurarse por sí las condiciones de trabajo y de retribución más favorables.

Cuanto más se desarrolla el industrialismo, tanto más se reduce la libertad del obrero, a quien se considera como un instrumento de trabajo que el mercado ofrece siempre en abundancia, cuando es un colaborador del capitalista en la gran obra social de la producción, con derecho no tanto al salario que asegure su existencia, cuanto a la participación en los beneficios de la empresa.

Mientras los ricos poseen, de hecho y de derecho, libertad económica, la autonomía económica de los pobres es una ficción. Abolida la servidumbre, ante el derecho son completamente libres; pero como no poseen los medios de producción necesarios a su subsistencia, se ven constreñidos, de hecho, a desempeñar las ocupaciones que les ofrecen los poseedores de la tierra o del capital. "La libertad personal de hoy, dice Rodbertus, es para los más una dependencia continua de la voluntad individual ajena, de la voluntad y de la moral de los propietarios; no es más que necesidad y sujeción".

Todos los partidos reclaman[28] un Código del trabajo y leyes sobre contratos agrarios. Muchos países extranjeros lo han hecho así, y ninguno ha creído ofender con ello esa pretendida libertad contractual. Por otra parte: ¿cuántas normas y limitaciones no establecen los Códigos para otros contratos? Nadie se ha asustado aun por la variedad de combinaciones que presenta el contrato industrial. La ley húngara de 21 de Marzo de 1884, contiene 186 artículos; Alemania posee ya un Código propiamente dicho; y no es menos abundante y minuciosa la legislación inglesa. Y donde se ha disciplinado el contrato de trabajo, se le ha subordinado al interés social. En cambio Italia sostiene la idea de una hipócrita libertad de armonía de las leyes económicas, y esperamos la salud y la paz de un remedio sin virtualidad para ello.

Es ya sabido que el trabajo fatigoso, prematuro, mal retribuido daña a la raza, sin beneficios a la producción. Los obreros que trabajan ocho horas y perciben buenos salarios, producen más que los sujetos a jornadas de doce y catorce horas con salarios miserables.

Entre tanto la libertad contractual ha permitido que el capital obtenga del trabajo una crecida usura, es decir, el pago del salario en especies alimenticias, con frecuencia echadas a perder, a precio superior al corriente, el pago por plazos largos, las multas, las retenciones a capricho del industrial, juez y parte, multas que los juristas han clasificado entre las cláusulas penales contractuales, que el juez no puede reducir, cuando son sanciones de una ley promulgada por el industrial, aplicada por él, sin apelación, por su cuenta, recurso inmoral para disminuir el salario ganado.

Al arbitrio del patrón queda también el tiempo del aprendizaje, el despido sin previo aviso o sin indemnización, la decisión de las controversias en los contratos de trabajo por piezas o medida, a destajo, a prima o participación, en las que se originan, en los mismos contratos a destajo, por ejemplo, sobre las primeras materias de mala calidad, nocivas a la salud,

28 De todas partes se reclama...

diversas de las convenidas, que hacen perder mucho tiempo sin beneficio alguno.

¿No debe examinar el legislador si el obrero se encuentra en condiciones especiales que exijan una atenuación del rigorismo del derecho común en materia de error y de dolo? ¿No deberán establecerse al lado de las condiciones generales otras específicas relativas a la salubridad de los trabajos, a la higiene y al descanso? ¿No deberá decirse nada respecto al no embargo, intransmisibilidad e imprescriptibilidad del salario? ¿No deberá intervenir el legislador en favor de la mujer o de los menores con objeto de determinar la prueba, los derechos del obrero en caso de quiebra del industrial, para limitar su arbitrio en los reglamentos de fábrica, con frecuencia verdaderos ejemplos de mezquino despotismo, las retenciones a título de garantía, las indemnizaciones por instrumentos deteriorados y tantas otras materias reguladas ya por leyes extranjeras?

La ley italiana calla también sobre el arrendamiento de los criados, contrato abandonado a las costumbres locales y a la tiranía insolente del patrón. Ni una norma que regule la naturaleza de los servicios, compensación, despido, asistencia en caso de enfermedad, higiene de las habitaciones, rescisión del contrato, ausencia de tutela para la salud y la moralidad de dichos trabajadores, llamados aún y no equívocamente, siervos, mientras la ley alemana, por no hablar de la australiana, no han desdeñado consagrar a tal contrato una serie de preceptos dignos de ser copiados.

Igual silencio reina sobre la prestación de servicios de los empleados particulares, viajantes de comercio, profesores, personas todas que viven del trabajo, para cuya defensa no es suficiente la jurisprudencia de los Tribunales ordinarios o de hombres-buenos.

Sí; los derechos como los deberes deben derivar de la ley y no pedir sean reconocidos cada vez mediante un fallo de los Tribunales, lo que supone pérdida de tiempo y de dinero.

En último término, las disposiciones sobre los contratos agrícolas son incompletas e insuficientes, permiten las cláusulas más vejatorias para los trabajadores, legitiman las más variadas formas de usura mientras todas las ventajas las reservan para los propietarios. Millares de miserables trabajadores del campo están entregados al vampirismo de los intermediarios y de los propietarios que arruinan la agricultura con cultivos esquilmantes y despojan con pactos vejatorios y usurarios a los entregados al duro trabajo de la tierra.

XVI. – *Usura; mutuo y prenda*

Pero no solo en el contrato de trabajo el derecho de las obligaciones ofrece su parcialidad y sus lagunas sociales, otras materias reclaman urgentísima reforma.

La libertad de la usura redunda por completo en perjuicio de la clase obrera y facilita la inmoralidad y la opresión más desenfrenadas. Es extraño que mientras la ley declara ilícitos y nulos los contratos opuestos al orden público o a las buenas costumbres, considere válidos los contratos usurarios en los que se fijan intereses inmoderados, como si el orden público residiese solamente en el robo con fractura La ley castiga al que en provecho propio abusa de la inexperiencia o de las pasiones de un menor, y debe castigar, como lo hace la ley alemana, al usurero que abusa de la necesidad apremiante, de la miseria, porque las necesidades del mayor de edad no son de diversa naturaleza, y quien se ve constreñido por la necesidad carece de libertad de opción. No basta la experiencia para librarse de los usureros. La ley establece la rescisión por lesión en más de la mitad del justo precio en la venta de inmuebles, aunque el vendedor haya renunciado a tal derecho. Aquí la ley no reconoce la libertad contractual y aplica el conocido principio *nemo auditur perire volens.* ¿Y por qué hablar de libertad, tratándose de la usura, como si el pan del pobre valiese menos que el fundo del propietario?

También los contratos de prenda y de préstamo con interés, revelan con qué frecuencia y facilidad se practica el abuso respecto a los que nada tienen. Se sabe que el Código, a los efectos de la prelación de derechos sobre la cosa, exige el documento público o privado, excepto si se trata de objeto inferior a 500 liras. Esta excepción es favorable por completo a los usureros y perjudicial a los que no pueden ofrecer en prenda más que cosas de poco precio, es decir, los vestidos, el ajuar y los instrumentos de trabajo; cosas que precisamente la ley procesal declara no susceptible de prenda. Debería exigirse siempre documento privado, tratándose de prenda en pequeño, con objeto de poner coto a los usureros que, no existiendo documento, eluden fácilmente la ley prohibitiva al acreedor de disponer de la prenda por falta de pago y la que declara nulo todo pacto autorizando al acreedor para disponer de la prenda sin la solemnidad judicial.

Se dirá que las casas de préstamos entregan un resguardo, y son vigiladas por la autoridad; pero es bien notoria la honradez de tales establecimientos y además ¿cuántas hay que dan dinero sobre prendas y escapan a la inspección y a la sanción de las infracciones punibles?

Defectuosa es también la ley cuando prohíbe el mutuatario que pagó intereses no convenidos imputarlos al capital, y la prohibición de librarse de la usura, restituyendo el capital con un interés superior al legal si no se avisa por escrito al acreedor seis meses antes del vencimiento transcurridos cinco años del mutuo.

También la letra de cambio se ha convertido en instrumento para perpetrar fácilmente las combinaciones más usurarias y engendrar los contratos más inicuos. Elevando la letra a la categoría de moneda fiduciaria que lleva aparejada fuerza ejecutiva, con la facultad de crear moneda buena, se ha concedido también a los usureros la de acuñar moneda falsa, y al amparo de esta la de exigir intereses legales. No se diga que la letra de cambio es un contrato formal, cuya causa no es dable investigar. El formulismo del derecho debe ceder ante la necesidad de castigar el delito, y no se rebasaría el contrato de cambio por la sola fijación del tipo de interés, complemento del crédito.

XVII. – *Venta a plazos*

Calla también la ley sobre el pago a plazos en la compraventa, recayendo el perjuicio proveniente de tal silencio sobre la clase obrera, que generalmente se vale de este medio para adquirir todo género de cosas.

La venta a plazos es una venta a crédito hecha a personas que, por lo general, no tienen nada, y que por eso mismo están expuestas a pagar carísimo el crédito concedido, derivando de aquí la frecuente desproporción entre el precio y el valor de la cosa vendida. El vendedor, ante el riesgo de no percibir íntegro el precio convenido y de volver a tener que quedarse con la cosa depreciada por el uso, se reserva ventajas siempre superiores al expresado riesgo, ventajas insertas en las cláusulas del contrato, inofensivas a primera vista, pero verdaderamente abusivas para la clase pobre. Una de las más peligrosas es la reserva de la propiedad de la cosa vendida a favor del vendedor en tanto no se verifique el pago completo del precio, tratándose así de un contrato de arrendamiento más bien que de compraventa.

Y si respecto a ciertas cosas como vestidos, etc., el vendedor tiene el mayor interés en la efectividad del contrato, en otras, como máquinas de coser y similares, lo tiene al contrario, abusando de la debilidad económica y de la inexperiencia de la clase trabajadora, en aprovecharse de la falta de pago de un plazo para rescindir el contrato y retirar la cosa objeto de él, quedándose con los plazos desembolsados cual si se tratase de un arriendo. No hay para qué insistir en la inhumanidad que supone el arrebatar su máquina a una obrera que haya satisfecho la mayoría de los plazos, solo por haber caído enferma o haberse quedado sin trabajo. Además, el vendedor, atrincherado en su derecho, puede imponer condiciones aun más duras aumentando el precio.

Otras cláusulas perjudicialísimas son la renuncia al fuero propio, a la lesión enorme, a toda excepción por la calidad de la cosa vendida, por los vicios y defectos ocultos.

Inspirándose en lo hecho en otros países, debe regularse la compraventa prohibiendo la reserva de la propiedad y sustituyéndola, para dar una garantía real al vendedor, con un derecho de prenda, prohibiendo también que, caso de rescisión por insolvencia, el vendedor recobre la cosa vendida, quedándose con los plazos abonados, los cuales deberá restituir, detrayendo la parte correspondiente al deterioro de la cosa por su uso, y declarando nulas las penas convencionales por la falta de pago o de interés de mora por los plazos vencidos. Se castiga con dureza al que compra una cosa a plazos y la vende al día siguiente, y en cambio se tolera la especulación usuraria representada por la venta a plazos, se aprueban los contratos y las tarifas de venta y en cambio se prohíbe la de los objetos de lujo, sujetando a los que ejercen tal comercio a una licencia especial[29]. Son indispensables tales medidas, especialmente hoy que tanta difusión ha adquirido el sistema de compra a plazos de muebles, vestidos y aparatos para la industria doméstica. Se calcula que el 90 por 100 de las máquinas de coser se venden a plazos, y según la estadística alemana, el 96 por 100 de la población recurre a esta ilusoria ventaja para las compras más variadas. Quien examine los modelos de contratos, encontrará también que en Italia contienen todos los inconvenientes señalados en informaciones extranjeras y llevan consigo abusos e injusticias que deben ser evitados.

Y aquí merece recordarse el Código alemán, que con amplio espíritu ha extendido el concepto de usura a todo negocio donde exista desproporción entre el servicio prestado, el riesgo corrido y la compensación recibida, pudiendo así caer bajo su sanción todo abuso ilícito en sus múltiples formas.

XVIII. – *Código de comercio*

Ningún Código se halla libre de defectos sociales porque todos se resienten de la misma influencia de una situación privilegiada para la riqueza y depresiva para la clase obrera.

Los defectos sociales del Código de comercio han sido ya puestos de relieve, en especial por Pipía, Perrone, Tortori y Vivante. Son de notar los referentes a las sociedades anónimas donde la responsabilidad de los administradores es insuficiente, y decorativas e ilusorias las funciones de los censores de cuentas. El legislador no se ha preocupado sino de proteger el gran capital, los grandes accionistas, mirando indiferente a los millares de pequeños accionistas esparcidos entre el pueblo y sobre todo a los portadores de obligaciones y a los cuentacorrentistas. En los contratos de seguros, con la libertad de establecer cláusulas desleales y equívocas, el más fuerte económicamente, el asegurador, domina al asegurado, más débil, y le veja, maltrata y amenaza hasta el extremo de la ineficacia o rescisión del contrato. Tampoco aquí el legislador restringe la libertad contractual, que no existe para

29 Castíguese desde luego al estafador que adquiere una cosa a plazos para revenderla acto seguido, pero pénese también la especulación usuraria mediante venta a plazos, sométase a aprobación los formularios y las tarifas de tal especie de contratos, prohíbase su aplicación a objetos de lujo, establézcase licencia especial para el ejercicio de este comercio.

el asegurado, porque los aseguradores, encontrando estrecha la ley[30], han redactado los contratos del modo más conforme a sus intereses, y solo su voluntad determina el vínculo jurídico. Cuando, dados los grandes intereses a que afecta este contrato, cuya difusión conviene favorecer, la ley debería fijar un modelo único de póliza, declarando nula toda cláusula añadida.

En el contrato de transporte no se establece ninguna responsabilidad para las empresas terrestres o marítimas por los daños que sufran los viajeros. Ni siquiera se ocupa de estos el Código, que atiende minucioso al transporte de las mercancías: siempre la tutela ciega, feroz, prepotente para la propiedad, lo demás es secundario, accesorio. Si se pierde un saco de trigo o sufre averías, disposiciones perfectamente claras protegen el derecho de su propietario. Si en una catástrofe ferroviaria ocurrida por culpa grave, por incuria, por negligencia de la administración, mueren diez padres de familia, ninguna disposición ampara el derecho de sus hijos, que pueden valerse del derecho común, de un derecho que reconoce la culpa probada, no la presunta; de un derecho, ¿cómo no?, suficiente para proteger eficazmente al dueño del saco averiado o perdido[31].

Faltan reglas que determinen con precisión la responsabilidad y la indemnización consiguiente.

Las leyes han favorecido en todo a las empresas, permitiéndolas en los contratos cláusulas que anulan, o por lo menos, limitan su responsabilidad, imponiendo la prueba al perjudicado al cual es imposible vigilar a la empresa, probar la culpa, y por consiguiente, obtener resarcimiento de los daños sufridos.

¿Qué decir del derecho marítimo, donde aun es posible la contrata por tiempo indeterminado y la obligación del marinero de servir por lo menos dos años; donde no se concede indemnización alguna a la familia del marinero muerto por accidente del trabajo[32], donde se admite el secuestro de los salarios por débitos contra la nave, dependientes de los servicios de esta? Tales y otros injustos privilegios capitalistas prueban que las leyes comerciales solo se dirigen a proteger le

---

30 ...Los aseguradores, confabulados, etc.

31 ...De un derecho cuya insuficiencia o ineficacia se hace ver respecto al interés del dueño del saco dañado o perdido.

32 *El Código español establece ciertos derechos en sus artículos* 644 *y* 645 (N. del T. R. Oyuelos).

especulación y la preponderancia de los intereses de la clase económicamente fuerte, no concediendo nada al espíritu de mutualidad y solidaridad.

La protección concedida a la clase mercantil se acentúa en ciertas disposiciones que constituyen a dicha clase en una situación de privilegio frente a los consumidores. Privilegio es la disposición que obliga a cuantos contratan con un comerciante a someterse a leyes de excepción, dictadas en beneficio de una clase determinada, que se ha procurado un procedimiento, un sistema probatorio, caducidades y prescripciones especiales, todo un derecho, que no admite dilaciones para el pago, ni retracto litigioso, ni acción redhibitoria contra una factura enviada y no protestada inmediatamente, contra mercancías expedidas si los vicios de estas no se denuncian en el término de dos días; un derecho en cuya virtud los títulos al portador, desaparecidos o robados, quedan a beneficio de la sociedad emisora. El comerciante puede imponer al cliente prescripciones rápidas y caducidades inflexibles; en tanto las leyes permiten todas las maniobras de los comerciantes para elevar artificiosamente los precios y no defienden al público contra los fraudes de la concurrencia desleal, contra los acaparamientos, contra los *trust* que elevan excesivamente los beneficios del capitalista, en daño del consumidor y sobre todo de la clase obrera.

En la lucha entre productores y consumidores, las leyes están del lado de los primeros y reflejan sus intereses, contra los de los consumidores en general. De aquí las numerosas supercherías —según la frase de Vivante— que florecen en el Código. Para las leyes mercantiles, los consumidores son nada; los comerciantes todo. Y estos imponen sus leyes especiales, sus privilegios, a los que con ellos contratan, aunque sea con ocasión de las necesidades más humildes de la vida doméstica.

Y los que sufren más especialmente las consecuencias son las clases obreras por su ignorancia de las cláusulas maliciosas, de las argucias y sutilezas legales, las clases que proceden de buena fe y sin asistencia de abogado, todos los débiles dominados por la habilidad de los fuertes que se han adjudicado la parte del león al formular sus leyes mercantiles.

XIX. – *Leyes penales*

Una prueba más de las injusticias sociales surge de la legislación penal, que debería ser el código de la igualdad. También en ella la eficaz protección que tienen las clases económicamente dominantes se hace débil, deficiente y aun inútil con relación a los pobres y a los económicamente inferiores; también en ella, por la invencible desconfianza hacia estas, y la fe en aquéllas, el Estado aparece claramente como órgano de clase.

La legislación penal, partiendo de la concepción clásica del delito como abstracción jurídica, y del delincuente idealmente idéntico, no conoce la individualización de la pena ni la proporcionalidad de esta con la temibilidad del reo, no tiene idea de las desigualdades sociales ni de las condiciones personales, subjetivas y objetivas del reo. Tenga o no instrucción, todos son igualmente responsables por todos los hechos comprendidos en el Código penal, en idéntica medida, con criterio único de imputabilidad, de capacidad moral, de poder de resistencia contra los malos impulsos. Así, del mismo modo se castiga el aborto de la rústica zafia que el de la dama elegante, la apropiación por fuerza mayor y por procurarse un placer, el fraude a un fondista por hambre y por vicio, el atentado o la resistencia a un agente por un hombre del pueblo que se cree atropellado y el del hombre instruido que encontrará los medios de obtener reparación e impunidad.

Injusta en la determinación de la responsabilidad, es también injusta en la aplicación de las penas. Nadie ha demostrado que haya incurrido en error Filangieri cuando a propósito de las penas pecuniarias escribía: "El rico, que no estima el dinero, tampoco estimará la ley. La violará con una mano y con la otra satisfará a la justicia, vil mercenaria de sus atentados." Los antiguos japoneses —escribe Montesquieu— rechazaban las penas pecuniarias, alegando que los ricos eludirían la ley. Nosotros las hemos consagrado, estableciendo un máximo y un mínimo, graduación que se aplica según las circunstancias concurrentes; así el mismo Montesquieu recomendaba proporcionar la multa y la indemnización a las condiciones del culpable. Nosotros hemos creado un privilegio en favor de los ricos al establecer que la pena pecuniaria sustituya o atenúe las restrictivas de la libertad personal. "El dinero hace milagros." Así decía Margarita al contemplar los regalos de Fausto.

La pena de confinamiento no representa para el rico el daño que para el pobre, pues para este implica el abandono de su ocupación, mientras para el primero solo la ocasión de un viaje de placer. La caución de buena conducta es solamente un privilegio para los ricos, y lo mismo cabe decir del arresto en casa para las mujeres y para los menores no reincidentes.

En la determinación de los delitos y de su represión notase la predominante preocupación del orden económico, por cuya virtud tiene mayor protección la propiedad que la integridad personal, el pudor, el honor, la libertad. Requiérese querella de la parte ofendida en las lesiones que producen incapacidad para el trabajo por menos de diez días, en las ofensas al honor, al pudor, en las violaciones de domicilio, de la correspondencia, mientras se procede de oficio por las más leves ofensas a la propiedad. Y nadie ignora que mediante el dinero se componen y resuelven la mayor parte de las ofensas al honor, al pudor, etc., que mediante el dinero se compra el silencio de la mujer violada o difamada, la retirada de la querella del que sufre una lesión personal, mientras el que robó un pan ha de pasar por la vergüenza de un juicio oral, ha de sufrir una prisión preventiva y otra como pena. La institución de la querella de la parte ofendida y su perdón, facilita la impunidad de los ricos y constituye una fuente de inmoralidad, de desigualdad y de injusticia.

El hurto es castigado con la reclusión hasta por tres años, mientras las lesiones personales solo con la de un mes a un año. La apropiación indebida tiene la sanción de una pena casi equivalente a la del abandono de los incapacitados; de igual modo se encuentran equiparados en la pena la usurpación de inmuebles, la corrupción de menores y el lenocinio. Y además, se ha imaginado todo un sistema de eximentes y atenuantes relativas a los delitos contra la vida y la integridad personal.

Contra tales injusticias, algunas de las cuales han sido ya eliminadas en las leyes extranjeras —así el Código de Zúrich rebaja la pena del reo falto de instrucción o incapaz de apreciar por mala educación o deficiencia natural de ingenio todo lo peligroso y punible del hecho realizado—, protesta rigurosamente la nueva escuela criminológica italiana reclamando una organización más racional de la prisión preventiva, la abolición o la reforma de la querella y la remisión de la pena por el perdón de la parte ofendida, mayores facultades del juez para apreciar las condiciones personales del reo, aplicación de sustitutivos penales en favor de los pobres, procedimiento de oficio para todos los atentados al pudor y una mayor sanción en estos delitos. Así las leyes penales responderían mejor a las especiales condiciones en que se encuentra el proletariado y el principio de la igualdad ante la ley se pondría más de acuerdo con la realidad.

XX. — *Leyes procesales*

¿Y qué decir del procedimiento civil? *Curia pauperibus clausa est* —decía Ovidio.

Nuestros procedimientos son anticuados, llenos de un exagerado e inútil formalismo, de ambigüedad, espantosamente largos, fecundos en artificios, dispendioso foco de nulidades e incompatibles con una edad en la que todo es rapidez, y una más elevada conciencia moral tiende a proteger la buena fe y el derecho.

En el siglo del telégrafo y del teléfono sin hilos, el rito judicial se mueve con una lentitud ridícula. Todo parece combinado de modo que en lugar del derecho triunfe el litigante más astuto y temerario y los pobres resulten derrotados siempre. Si en los tiempos antiguos la decisión de las causas se encomendaba a la fuerza física, hoy se encomienda al dinero. Los abogados son los campeones, y las armas, la bolsa. Spencer reconoce entre los prejuicios gubernamentales, el de que los gobiernos se cuidan muy poco de hacer justicia y que el resultado de los litigios dependa más de la destreza pecuniaria y de la habilidad de los defensores que de su bondad. ¡Gran esperanza para los obreros y los pobres!

Nuestro procedimiento es una herencia medieval que hemos conservado cuidadosamente porque resulta favorable a los intereses de los ricos y de los abogados. Y de esta herencia se han ido abandonando todos los correctivos, como las indemnizaciones por los pleitos temerarios que son, o excepcionalmente reconocidas, o liquidadas de manera irrisoria, la abogacía de pobres y otras providencias concedidas al arbitrio judicial peligrosas en sí, pero ventajosas con relación al tortuoso procedimiento vigente. ¡Pobres de los cogidos en el engranaje judicial por un deudor de mala fe! Ya con demandas infundadas, ya con artificiosas propuestas de prueba, verán retardarse la solución del litigio, mientras el juez, con las manos atadas, porque la ley no le da libertad de acción, se ve reducido a seguir al actor y al demandado en los abusivos rodeos que plazcan al litigante de mala fe, cooperando al descrédito de la administración de justicia por la inmoralidad que casi siempre corona los litigios temerariamente iniciados.

Los intereses sociales requieren una rapidez máxima con un dispendio mínimo. Abolición de todas las formalidades que nada añaden al acto de la citación. Facultades al juez para admitir la prueba y con procedimiento rápido examinarla, estimarla y resolver. Limitaciones de los plazos. Los mismos intereses sociales requieren que el procedimiento ejecutivo se modernice, haciéndose fácil, despojándolo de todas las nulidades solo conducentes a producir la ruina de acreedor y deudor, en ventaja exclusiva de los abogados y del fisco; que todos los procedimientos se hagan más sencillos y menos costosos, estableciendo, por ejemplo, una tasa gradual para las sentencias a cargo del que pierda el pleito y castigando al litigante temerario con multas proporcionadas a su fortuna.

Es preciso, en fin, dar a los jueces medios a propósito de aventar las semillas que tan frecuentemente se siembran en los Tribunales para despojar legalmente a los pobres, proporcionarles armas con que combatir las mil combinaciones, subterfugios, excepciones, cábalas, nulidades, dilaciones que Hamlet veía anidados en el cráneo del abogado.

Sólo así los derechos de los pequeños, de los pobres, podrían hallar reintegración en los Tribunales y la justicia no sería un privilegio de los ricos.

Si el procedimiento civil es un terreno inmejorable para que el rico prepare emboscadas y eleve trincheras, el penal es una red cuyas mallas se ensanchan o estrechan según la fortuna del que en ella cae. Aun hoy ¿no resulta exacta la frase de aquel filósofo griego que comparaba la ley a una tela de araña: los moscones la rompen y escapan, los mosquitos quedan prisioneros? ¿No es cierto también que los ricos, conocedores del derecho y teniendo el consejo y la defensa de legiones de abogados deben encontrar casi siempre en la ley la puerta por donde escapar a sus sanciones y en la jurisprudencia subterfugios para su impunidad? Por el contrario, el pobre halla formados en batalla, prevenidos en contra suya, desde el agente que lo arresta al magistrado que lo juzga. Nuestros antiguos criminalistas decían: *Colonus, ergo fur: pauper ergo mendax et falsus.* ¿Acaso pensamos hoy de distinta manera? ¿Obramos mejor? ¿Las 30.000 personas arrestadas todos los años, sin justificación suficiente la mayor parte, los llamados vagos, inculpables casi siempre, que con tanta facilidad son puestos en prisión y libertados, no aparecen como víctimas de tales prevenciones?

La necesidad de una reforma del procedimiento penal generalmente sentida, se va imponiendo, pero tan urgente como esta estimamos la del procedimiento civil, en cuyo mantenimiento se halla interesada y coaligada la numerosa clase de abogados, dominadores del parlamento, que con sus voces ahogan fácilmente la del público que les proporciona negocios. Una justicia verdaderamente democrática, accesible a todos, es la que el proletariado reclama[33].

XXI. – *Leyes especiales*

A los defectos de las leyes privadas puede seguir el cortejo de leyes especiales, deficientes, violadas o en desuso[34], siempre en daño de la clase obrera. Recordemos las promulgadas a favor de los inútiles para el trabajo, que son letra muerta; las leyes sobre el trabajo de los niños, que por insuficiencia de los organismos de vigilancia no reciben práctica ejecución; la de accidentes del trabajo, eludida con las retenciones de los patronos sobre los salarios de los obreros y deficiente en la determinación de medidas preventivas para hacer difíciles los accidentes.

Recordemos también la ley de hombres buenos, tribunal que no funciona la mayor parte de las veces por hostilidad de los industriales y que no comprende a los obreros agrícolas, a los del Estado, o a los agentes de comercio, a los que dependen de las empresas de transportes. La de colonizaciones, que está en desuso. La de dominios colectivos, aplicada de modo arbitrario contra su sentido propio.

---

33 Una justicia democrática en su auténtico sentido, accesible a todos, hoy es desconocida; y esta es la justicia que el proletariado reclama.

34 ...De leyes especiales deficientes, como también de leyes violadas o incumplidas.

La legislación tributaria es progresiva hacia atrás; las mismas leyes de reclutamiento son antidemocráticas, en cuanto aseguran privilegios a los que están en disposición de pagar la redención. De igual modo la segunda enseñanza y más aun la superior, se hallan cerradas por su especial modo de ser a los que viven del trabajo.

Donde quiera que la mirada se dirige solo se ve al Estado y a la legislación deseosos de proteger los intereses de una clase y de mantener el dominio de esta, en vez de representar los intereses colectivos nacionales, y por consecuencia, creando obstáculos para la unificación moral que a pesar y contra el particularismo del derecho va elaborando a nuestra vista la evolución económica.

XXII. – *La reforma*

Expuestos brevemente quedan los principales defectos de nuestra legislación privada.

Y surgen espontáneas las preguntas: ¿Es posible remediarlos? ¿Hasta qué punto? ¿Por qué camino? ¿Puede el legislador contribuir a la modificación de las leyes que son un producto social, el fruto natural de la constitución económica?

Con ellas abordamos las cuestiones que dividen al partido socialista, en la teoría y en la acción, y que se resumen en dos palabras: evolución o revolución; reformas o catástrofe. Pero hagamos notar que las reformas propuestas no pretenden transformar la sociedad ni la forma de producción ni darla una nueva base económica, y mucho menos organizar un colectivismo al que le falta aun sustrato real aunque sus contornos se perfilen en un remoto horizonte.

Por ahora las reformas tienen unas apariencias modestas, son independientes de toda teoría sobre la justicia absoluta o el derecho ideal, se proponen un fin práctico.

Sólo debe examinarse si son útiles, si son posibles, si el pueblo se halla preparado para recibirlas y si responden a verdaderas necesidades.

¿Quién puede negar que hasta las más pequeñas reformas elevan a la clase obrera, acrecen el patrimonio de sus derechos con la tutela de algunos intereses, en estado de indefensión hoy? Pues si es así, tales reformas son útiles, son necesarias y así ante los partidos que ostentan la representación moral de dicha clase como los defensores de una política de progreso, de solidaridad, de mejoramiento social de todas las clases, no deben solo favorecer, sino imponer su realización. Donde el proletariado advierta una discordia entre el derecho vigente y alguna pequeña necesidad suya, donde note una circunstancia que dificulte o retrase su desenvolvimiento, debe hacer presión para eliminarlas reivindicando, día por día, en pequeñas porciones, un mayor bienestar. Es imprudente y dañoso renunciar al medio de actuación inmediata por una dicha hipotética y lejana. Todo avanza gradualmente, sin saltos, y el hombre que llega al conocimiento de la realidad circunstante, actúa a su vez sobre ella y logra mejorar su condición; y de aquí que sin transformar la sociedad, se aproveche de cuanto exista de bueno en las formas existentes, en interés de la colectividad. Aun reconociendo que todo el mal no puede ser eliminado, ¿quién negará sin remordimiento a las generaciones presentes, los remedios que puedan aliviarle? ¿Quién dirá al labriego: los contratos agrarios no pueden modificarse hasta que el Código civil no sea abolido y mientras el derecho de propiedad no se transforme? Con fatalismos semejantes solo la inercia se ofrecería como expresión de sabiduría y deberían considerarse como actos de locura, así las presiones de la clase obrera por mejorar, como el reconocimiento continuo a su favor de nuevos derechos por los legisladores más demócratas. ¿Habremos de renunciar a la asistencia del médico en espera de que desaparezca la enfermedad? ¿No tendrán un fin práctico las ciencias sociales?

Es, además, erróneo hablar de transformaciones finales, como si existiese un objeto final. Todo movimiento tiene una dirección pero esta es cosa distinta de aquél[35]. Un movimiento histórico no es una línea definida, una parábola o una espiral de Arquímedes, sino una línea que los más grandes genios de la geometría analítica procurarían en vano determinar. No hay en la historia objeto final que no sea superado en el momento mismo en que se alcanza. Así este objeto no puede significar más que un punto provisional en la orientación del movimiento. En su

35 Todo movimiento tiene una dirección, pero una cosa es esta, la dirección, y otra distinta el objetivo final.

camino hacia el objeto final, el movimiento histórico lo desvía continuamente. Lo que se llama el ideal de un movimiento no se encuentra en su término, sino que le acompaña en todo instante viajando con él como la columna de fuego con Israel.

Cada época tiene su necesidad; y así acontece con el socialismo. Ha abandonado ya el objetivo final con que soñó en sus principios, pero posee un ideal que no camina delante de él, sino que está con él; un ideal que todos los días penetra en su conciencia, transforma sus costumbres, convirtiéndose en una realidad que superará el mañana; un ideal, no dogmático e inmovilizado, sino dinámico y en eterno devenir.

Encontramos culpable el adormecerse contemplando el objeto final de la socialización[36] de la tierra o de los instrumentos de trabajo que pertenecen a un porvenir excesivamente lejano e hipotético, mientras puede dirigirse el movimiento hacia una mayor y continua elevación de la personalidad humana. Este es el ideal del socialismo.

No depende de él la mudanza de la actual constitución económica[37]. Su función hoy es preparar las condiciones que faciliten el advenimiento de un orden mejor de relaciones, con superiores condiciones de vida, y en la que todos tengan asegurado el producto al derecho íntegro de su trabajo. He aquí el objeto de la reforma del derecho vigente.

Creemos evidentemente demostrado que nuestras leyes actúan dentro del círculo de las clases dominantes hacia las que muestran especial predilección; queda demostrado también que si una parte de las leyes es conjunta con la estructura económica actual y que no puede variar sino con esta, otra parte, herencia de tradiciones y prejuicios, fruto de intereses particularistas, puede ser corregida y reformada. Hay un desacuerdo entre el derecho existente y nuestra sociedad, nuestras ideas y nuestras tendencias. ¿Es posible un acuerdo? ¿Hasta qué punto?

---

36 ...De socialización o estatalización.

37 Tal es el ideal que late en el socialismo, el cual sabe y siente, empero, que no tiene hoy a su alcance la transformación de la actual constitución económica.

XXIII. — *Transformaciones económicas*

Ante todo, ¿existe el desacuerdo? En su espíritu y en su esencia nuestras leyes se inspiran en los principios del siglo decimonono y entre esta época y nosotros se ha producido una revolución política, económica, mental, moral, revolución de materia, de carne, de espíritu, de conciencia. Todo se ha transformado.

Fácil es la comprobación. La instrucción, antes un privilegio, se ha convertido en obligatoria; el sufragio es un derecho ya universal; el régimen de la gran industria con capitales acumulados, con un maquinismo concentrado y la aglomeración de los obreros, da al proletariado una fuerza extraordinaria, desconocida en el pasado. La cooperación, los sindicatos obreros, las cámaras de trabajo, las ligas de resistencia, el movimiento socialista comprometen hoy, política y económicamente, el reino de la burguesía. Disminuyen las ganancias, y los gastos crecen con las indemnizaciones por los accidentes del trabajo y crecerán con otras inevitables y no remotas, con las pensiones a los viejos y a los inválidos. En vez de tratar con los obreros aisladamente, el industrial se ve constreñido a tratar con el sindicato; no más contratos individuales, sino contratos colectivos. Es un tratado entre dos potencias iguales. Se puede prever no lejano el día en que estos sindicatos obtendrán una participación en la dirección de las empresas industriales. Ya en algunas el capital ha perdido su acción directora. Simple auxiliar, no tiene derecho más que a un interés fijo, reservándose la dirección y los beneficios a los asociados.

El eje de la primacía política y económica tiende a desplazarse. Una materia social difusa se va condensando y tiende a constituirse en una masa homogénea con caracteres diversos de la burguesía. Cuando esta masa haya logrado la conciencia de su fuerza y la organización necesaria para ponerla en acción, cuando la dirección política haya pasado a los que tienen solo el brazo y no la riqueza preconstituida para vivir, la revolución, ahora en curso, se habrá realizado. En tanto, estos nuevos estratos que se elevan, siguen adquiriendo conciencia de sus derechos. Buscan protección en los códigos: ¿y qué encuentran?

XXIV. – *TRANSFORMACIONES MORALES*

Han mudado también nuestras ideas sobre moral. Prescindamos de si esta mudanza depende o no de las transformaciones económicas; basta saber que la educación y la experiencia mejoran y la moralidad se hace más exigente. Sea por el progreso de la ciencia; sea por efecto del empuje de las clases proletarias, sea por obra del socialismo que representa sus aspiraciones, lo cierto es que se está efectuando un cambio rápido en nuestras ideas morales y jurídicas.

El concepto individualista resulta insuficiente para la conciencia colectiva y nuestras ideas morales han progresado lo bastante para comprender cierta necesidad de subordinar la satisfacción inmediata de los intereses de los asociados a los intereses superiores y generales. Contra los resultados restringidos y mezquinos del egoísmo individual tendemos a oponer la utilidad superior de los sentimientos y de las virtudes solidarias.

No reconvenimos por su obra a los compiladores del Código civil italiano y aun menos a los del Código francés, porque las leyes son el exponente de las ideas sociales y morales dominantes en el momento que se escriben. Pero sí hacemos constar que nuestras aspiraciones han cambiado y por parte de los asociados han surgido nuevas exigencias que no hallan satisfacción en las leyes vigentes. Afirmamos que la humanidad ha mudado su punto de vista mientras las leyes permanecen inmóviles, que existe una desproporción creciente entre el derecho actual y la idealidad jurídico-social elevada a un más alto grado de intuición altruista. Nuestro sentir se rebela contra el egoísmo del Fausto de Goethe que pone su propia dicha como fin único de su actividad, y contra el egoísmo de Nietzsche, y comprendemos que nuestra felicidad va unida a la ajena, que, como dice Lange, nuestra moralidad está en razón directa de nuestro solidarismo práctico, que el deber del hombre es vivir, obrar, trabajar no para sí, sino para los otros, no para su provecho, sino con la más noble ambición de ser útil a la humanidad de que forma parte.

Estado, sociedad, ideas se transforman y esta transformación se refleja en el campo del derecho. Con el advenimiento de la democracia, con el progreso de la civilización, con la multiplicidad de relaciones de todas clases entre los individuos, con la extensión de la actividad humana, con la solidaridad de los intereses obreros, con la lucha de clases, con el aumento de las atribuciones del Estado, con el desarrollo de las asociaciones, con la expansión de las doctrinas sociales y morales, las nociones de la justicia se han ensanchado. De igual modo que nosotros hemos superado a nuestros padres, nuestros ideales han excedido de los que rigieron el nacimiento de las leyes actuales. Y he aquí establecido el contraste del que surgen exigencias racionales que señalan al derecho histórico la meta de un más alto ideal.

Es un hecho probado que en torno a todo sistema económico, socialmente hablando, aparece una idea de justicia. Los intereses dirigen al mundo, pero los hombres trabajan para poner de acuerdo la razón y los intereses, para legitimar sus pretensiones, adaptándolas a un ideal.

Y es derecho toda mudanza en la vida social, acompañada de nuevos modos de entender la justicia[38]. Hemos alcanzado un grado de desarrollo tal que encontramos insuficiente la garantía jurídica de las leyes vigentes, concedida solo a una parte de los asociados, que nos rebelamos contra la libertad que facilita al egoísmo del más fuerte la explotación del débil, que aspiramos a integrar la insuficiencia del individuo para poner a todos igualmente en la posibilidad de vivir y de actuar.

Si todo esto sentimos ¿por qué no obrar en consecuencia? Conscientes de la realidad y de la necesidad que avanzan, debemos buscar los mejores caminos por donde encauzar las fuerzas sociales y hacer más fácil y pacífico el advenimiento de una civilización superior.

En el incesante fermentar de las inteligencias y de las masas, los principios que parecían puntos de llegada en el siglo pasado, aparecen hoy como signos de reposo. Contra el individualismo sancionado en los Códigos protesta violento el espíritu de la solidaridad social que dé más en más invade la conciencia y palpita en nuestra vida moral y social. Con él debemos armonizar las leyes.

---

38 Y hoy todo cambio en la vida social comporta nuevas formas de entender la justicia y el derecho.

XXV. – *SOLIDARIDAD*

¿Qué es la solidaridad?

La ley del mundo físico y la de la sociedad humana. La vida social es un conjunto de solidaridades que se relacionan. El hombre no existe aislado, sino que vive, obra, produce, posee entre otros hombres, a cuya acción debe coordinar la suya. Como todos los bienes proceden de la sociedad, todos los actos humanos deben tener un valor social, una función social. De aquí que la norma de la vida, su ideal ético, debe consistir en la armonía de los intereses, en una justicia hecha de razón y de amor, en crear a la personalidad humana un ambiente de libertad y de solidaridad, en preparar la unificación moral de todos.

La solidaridad de los intereses, sentida más pronto, desarrolló ya en el siglo pasado el espíritu de asociación, piedra angular de la sociedad moderna, y lo desarrollará más en el porvenir. Los individuos, unidos por intereses comunes, se procuran leyes profesionales, nacionales e internacionales, y en adelante, la política de los Estados habrá de contar con estos grupos que solicitan sus reivindicaciones[39]. La clase obrera es instintivamente solidaria en todas sus luchas, debiéndose esto a las transformaciones económicas sobrevenidas por obra del capitalismo. El socialismo no es más que el exponente teórico de esta solidaridad proletaria.

Esta solidaridad de intereses elabora en el seno de la colectividad una nueva concepción moral, y ambas repercuten en el derecho, que no puede permanecer en la estrecha órbita individualista, sino que debe dar más amplio espacio a los intereses de la colectividad, o por mejor decir, debe conciliar el individualismo con las nuevas exigencias solidarias, forma esta de transición que corresponde a aquella porque atraviesan nuestra constitución social y nuestras ideas morales.

En las leyes más recientes vemos penetrar algún hábito de este nuevo principio de justicia social. Dan fe de esto las varias leyes y reglamentos referentes a la higiene, al trabajo de la mujer y de los niños, a la municipalización de los servicios públicos, a los

---

39 ...Con estos fuertes organismos en los que se manifiestan las reivindicaciones de grupos, sectores o profesiones particulares.

accidentes del trabajo, a la enseñanza obligatoria, los proyectos sobre el contrato del trabajo, sobre contratos agrarios, etc.

Son aún advertencias tímidas, disposiciones incompletas, no circundadas de eficaces sanciones; pero representan, no obstante, un tributo a esa moral solidaria que es, en definitiva, la moral evangélica. En el derecho administrativo el interés público va prevaleciendo, y de conformidad con él se regulan las relaciones jurídicas y se disciplina el ejercicio de ciertos derechos con la consiguiente responsabilidad, aun cuando no haya perjuicio material. La jurisprudencia acoge el principio del abuso del derecho y extiende el de la responsabilidad civil. La intervención del Estado se hace más activa para tutelar los intereses sociales y establecer condiciones más favorables al desenvolvimiento de la personalidad.

La solidaridad en las relaciones jurídicas tiende a establecer limitaciones al derecho de propiedad, a la libertad contractual, a extender los seguros contra las enfermedades, para la vejez, en favor de las clases obreras, a reforzar el concepto de la responsabilidad civil y del abuso del derecho, anulando este o reduciéndolo a límites normales, aunque tenga un origen contractual, atribuyendo a los obreros una igual participación en el producto de su trabajo. Estos principios de igualdad y de solidaridad deben influir también en las relaciones familiares, tanto en favor de la mujer y de los hijos legítimos, como asegurando posición y dignidad a los naturales.

Al impulso de la realidad, el derecho se va transformando en un sentido de creciente solidaridad y es nuestro deber auxiliar dicha transformación. El espectáculo de la revolución silenciosa que hace surgir lentamente a la luz de la civilización la mayoría de los espíritus humanos, que ya el principio de libertad reconocía como capaces de derechos, tiene una alta significación moral. No es la conquista pura y simple de una vida más elevada lo que da gran valor a la cuestión social, sino la aspiración al reconocimiento práctico más completo y al desenvolvimiento progresivo de la personalidad humana en cuantos espíritus resplandece la luz de la inteligencia y vibra el sentimiento del bien.

XXVI. – *Reformas indispensables*

El programa de las reformas de las leyes más urgentes y democráticas en interés de las clases pobres, surge del examen de sus defectos.

Ante todo precisa proteger la familia obrera contra la miseria y la injusticia, impedir su destrucción por una prematura o prolongada labor, defenderla contra las enfermedades, la miseria, la insalubridad de las viviendas; proteger a los hijos ilegítimos, autorizar la investigación de la paternidad, obligar a cuantos tienen responsabilidades hacia una prole ilegítima a satisfacerlas, a igualar los hijos naturales a los legítimos.

En materia de propiedad hay que sancionar el principio del abuso del derecho, ya acogido en el Código germánico, y dar entrada en el nuevo derecho privado al espíritu que, respecto a la propiedad, se advierte en las leyes especiales y en el derecho tributario, crear el derecho del arrendatario, castigar como usurarios los alquileres de las casas obreras cuando excedan del interés legal del capital amillarado, declarar no alquilables las habitaciones que no presenten las debidas condiciones higiénicas, disciplinar con nuevos criterios la propiedad urbana, no enajenando los terrenos edificables, sino concediéndolos por tiempo determinado con el fin de preparar un dominio comunal futuro, a ejemplo de las municipalidades inglesas.

En cuanto a la propiedad rústica debe obligarse al propietario al mejor cultivo de la tierra, esto es, a usar de su derecho de la manera más favorable a los intereses sociales, permitir el arrendamiento exclusivamente a los cultivadores directos, proteger a estos contra los abusos en las condiciones del arriendo o de las participaciones en los productos, establecer de modo taxativo contratos agrarios, fijando los tipos y las modalidades, prohibiendo los pactos vejatorios, como el de renuncia, por parte del cultivador, de los casos fortuitos y de la indemnización por mejoras, aquellos por los que el arrendatario se obliga a vender al arrendador los productos al precio corriente o a un precio de antemano establecido, dando al cultivador el derecho de obtener gratuitamente las simientes, restituyéndolas en la misma medida y cantidad, —estableciendo que en los contratos de participación del producto (aparecería, proyecto Sonnino) la cantidad de simiente a restituir sea detraída sobre la masa y antes de toda división, —obligando al propietario a facilitar los anticipos necesarios, —declarando inembargables los objetos y los instrumentos necesarios del arrendatario para el cultivo hasta cierto valor, los frutos necesarios para su alimento y el de su familia durante tres meses, algunos semovientes. Existen en los campos de Italia multitud de costumbres establecidas por los patronos en daño de los cultivadores, consistentes en prestaciones de trabajo no retribuido, en honores y vejaciones que Jacini definía como "uno de los fenómenos morbosos externos de un organismo anémico", resultando violada toda norma de equidad en la distribución del producto entre el propietario y el cultivador. Y el Código debe intervenir, limitando una libertad contractual que se resuelve en daño de los trabajadores, y que siembra el dolor y la miseria en los surcos de la tierra.

Precisan, asimismo, procedimientos sencillos, rápidos, arbitrales; defensa gratuita. Se viene realizando ya hace tiempo una labor diligente para la reforma legislativa de los contratos agrarios; si censurables son los Gobiernos que no lo han tomado en consideración, más censurables son los partidos representantes de las clases obreras que no han hecho lo posible para convertirla en ley.

Precisa, en fin, por los intereses sociales y por la riqueza nacional, destruir el latifundio. Con oportunas providencias fiscales podrían resolverse la comunión de bienes y todas las formas de condominio que tienen por objeto la conservación del latifundio, imponiendo a aquéllas mayores tributos, y recargando los derechos en aquellas convenciones por las cuales en las sucesiones y en otras divisiones de bienes se asigna en dinero la parte correspondiente de los fundos que por su vasta extensión podrían dividirse.

Para favorecer el retorno de la población campesina a la tierra sería conveniente establecer el derecho de expropiar, previa indemnización, pequeñas zonas laterales de los caminos para fabricar la casa y cultivar el huerto propios. Así se combatiría el monopolio de la tierra y se abrirían nuevas fuentes al trabajo agrícola, estimulando el progreso de la agricultura.

El derecho de sucesión debe reformarse en el sentido antes indicado.

Debe renovarse el derecho de obligaciones en el sentido de reprimir o al menos atenuar los efectos de las injusticias económicas. Para lograrlo no hay más que traducir en artículos de la ley nuestras exigencias éticas, esto es, transformar en obligaciones positivas los simples deberes morales, multiplicar los casos de responsabilidad y hacer esta responsabilidad más eficaz.

Así como el derecho penal ha creado y seguirá creando en el porvenir nuevos supuestos penales en interés de la familia, para reprimir más enérgicamente los fraudes, los abusos de la concurrencia o de la especulación, las torcidas empresas de bolsa, la ley civil deberá obrar, poniéndose resueltamente en el camino por el que la jurisprudencia avanza tímidamente y con mayor resolución la ciencia.

Las leyes deben reconocer la responsabilidad por daño, aparte de ampliar la culpa material aunque el acto no sea ilícito[40], así como por daño moral, consagrar la teoría del riesgo social y profesional, extendiéndola de los accidentes del trabajo a la vejez y a la incapacidad, haciendo sentir menos a las clases obreras la mano inexorable que arroja sobre el lecho de la miseria a los que no dejan de trabajar sino para morir.

Al desarrollo de la idea de responsabilidad debe corresponder un nuevo concepto del contrato, de sus efectos y de su fuerza obligatoria. Las leyes amparan la libertad contractual siempre que no ofenda la moral ni el orden público. Pero la moral de hoy es más refinada, más exigente que la dominante al principio del siglo XIX, prevaleciendo el lado social de la moralidad, la exigencia solidaria. Así también la idea de orden público se ha ampliado, no siendo la idea negativa y atomística, solo atenta a procurar una igual libertad para todos los individuos, comprensiva de las complejas exigencias de los intereses en la unidad de la vida colectiva[41], sin atender al individuo en cuanto parte de la sociedad. De esta mudanza de ideas se deriva la necesidad de proteger en todo contrato el interés social, de asegurar el desenvolvimiento sincero de la actividad individual y, por consiguiente, la composición más vigorosa y más orgánica del todo social.

De aquí la intervención del Estado y de las leyes, ya sancionada en el Código civil alemán, el cual, aun estableciendo el principio

40 ...La responsabilidad por daño aun no mediante culpa material, y aun cuando el acto cometido no sea en sí ilícito.

41 ...No comprensiva de la exigencia de composición de intereses en la unidad de la vida colectiva.

de la autonomía de la voluntad, pone límites y frenos y hace predominar sobre esta la voluntad de la ley. En nuestros códigos individualistas la función del juez es investigar la voluntad de los contrayentes e interpretarla. La tendencia actual es la de sustituir a esta investigación de la intención, la idea de la justicia solidaria y del interés social, lo que en, la práctica, por ejemplo, se traduce por la nulidad de aquellas cláusulas, en cuya virtud el asegurador puede rehuir los riesgos asumidos, un contratante defraudar al otro, el propietario, el empresario, sustraerse a las responsabilidades, el industrial, por medio de multas establecidas en los reglamentos, no pagar todo el salario.

Es preciso hacer el Código del trabajo para el cual con el auxilio de la legislación extranjera y de la literatura jurídica italiana todo está preparado. Un proyecto de este Código se ha presentado a las Cámaras francesas. La fuerza de la imitación vencerá nuestra inercia y dará al proletario italiano leyes que pueblos más civilizados poseen ya.

No se debe esperar mucho de las leyes especiales, que no pueden funcionar bien sino cuando todo el derecho se encuentra en armonía con ellas y se reconozcan al juez facultades de que hoy carece. No tocando a los principios individualistas de nuestro Código y dejando intactos los retrasados procedimientos judiciales, las leyes obreras tendrán carácter de excepción, contradirán las bases de nuestro derecho y de nuestra educación jurídica y mantendrán a las clases obreras en notoria inferioridad que agrave la del orden social.

Esto fue advertido por los compiladores del Código civil alemán, que marca ya una reacción contra el individualismo de los Códigos latinos y que, aunque de modo limitado, acogió principios inspirados en las tendencias de solidaridad y de intervencionismo, propias de las leyes obreras y sociales. Repudia el individualismo, en cuanto considera a los individuos como aislados[42]; todas las disposiciones sobre la persona jurídica se basan en la idea de la solidaridad social del grupo; al regular las relaciones jurídicas hace prevalecer los intereses sociales y adopta el principio del abuso del derecho. Según este principio, el ejercicio de un derecho no se permite cuando no tiene más fin que ocasionar a otro un daño. El juez puede considerar

42 No considerando siempre aislados a los individuos, repudia dicho Código el individualismo.

como ineficaz y sin valor el derecho que excede de los límites puestos a su aplicación por la equidad y por las exigencias de las relaciones sociales y modificar en tal sentido las convenciones.

Además, este Código, aun permitiendo al individuo ejercitar sus derechos a su arbitrio, determina que esta función la tiene por virtud de la ley y no de un derecho propio, multiplica los casos en que el juez, por disposición expresa o tácita, tiene un poder discrecional que le permite dar en cada litigio una sentencia apropiada y no se ve constreñido a aplicar una solución que, con rigidez uniforme, le sea impuesta por la ley.

El Código alemán, en fin, rinde homenaje a una idea moderna, reconociendo la mayor amplitud al juez en la interpretación de los contratos y de las leyes, siendo el representante de la conciencia pública, el asociado del legislador, su continuador en el tiempo. Concede así una iniciativa cuyas consecuencias han de ser buenas y da a las leyes una elasticidad, una capacidad de adaptación ignorada por nuestros Códigos.

XXVII. – *Interpretación de la ley*

Tales resultados no pueden producirse solamente por virtud de un método más amplio y flexible de interpretar. Admitiríamos la buena intención de los que dicen: los jueces deben atenerse a lo que decidiría el legislador hoy si tuviese que promulgar una ley y, por consecuencia, deben atender menos a precisar y delimitar las reglas formuladas en el pasado y todavía en vigor, que a incorporar estos textos a las evoluciones de la vida y al mismo tiempo interpretar los hechos de modo que se mantengan dentro del círculo de los textos, tratando de llegar por este doble e inverso movimiento a la adaptación del derecho escrito al ambiente social.

Este método de interpretación que debería permitir al juez dar satisfacción a las necesidades del presente y orientar la jurisprudencia hacia las relaciones del porvenir, es de alcance limitado, o sea, cuando la letra de la ley permita una amplia adaptación de las exigencias de la práctica.

El art. 1.151 del Código civil italiano[43], por ejemplo, tiene tal amplitud que, solo con él, podría hacerse casi la revolución social[44], dando al trabajo todo lo que es producto del trabajo mismo. Pero, ¿quién pone mano sobre él? No todos los jueces tienen un sentido de la justicia y del deber en armonía con los nuevos ideales. Solamente cuando la educación jurídica se modernice y renueve con un estudio más intenso de las ciencias sociales y morales y de la jurisprudencia comparada y los espíritus, menos inmovilizados en la veneración de las doctrinas tradicionales, se hayan puesto en contacto con la realidad, podrá esperarse algo del nuevo método de interpretación de la ley. El cual, por otra parte, será de necesidad absoluta para el porvenir, porque las relaciones jurídicas, que se modifican con creciente rapidez, pondrán al juez frente a situaciones no previstas por el legislador. Pero sucederá que la ley misma le investirá de nuevas facultades y, en vez de imponerle una regla rígida y de vigilarle minuciosamente los pasos, le enseñará a descubrir el sentido de la institución[45], reconstruyéndola, determinando su diferencia con las afines, considerando su orientación y su naturaleza.

Por hoy, y hasta donde sea posible, debe abogarse por la aplicación de tal método. Cualquiera modificación en las relaciones jurídicas que por él se consiga, será siempre una ventaja, adaptándola al desarrollo normal de las instituciones. Pero repetimos que su eficacia se halla limitada por la letra de la ley, que no permite sustituir a las reglas taxativas soluciones de equidad inspiradas en apreciaciones individuales. Aun cuando estas tengan su razón de ser en las transformaciones mismas de la vida social y jurídica a las que desean acomodarse, aún cuando su base sea objetiva y sus juicios no sean subversivos, chocan contra tales obstáculos que no podrán vencerse sino modificando las leyes.

43 *Relativo a la culpa, equivalente al* 1902 *del español* (N. del T. R. Oyuelos; C. civil, art. 1902: *«El que por acción u omisión causa daño a otro, interviniendo culpa o negligencia, está obligado a reparar el daño causado»*).

44 ...Tal amplitud que casi podría realizarse con él, jurídicamente, la llamada revolución social.

45 ...El sentido en que progresa la institución.

XXVIII. – *El nuevo derecho*

Claro aparecerá para los que nos hayan seguido cómo deben ser las nuevas leyes, el derecho nuevo.

Es un derecho de transacción, sobre el terreno de la democracia, entre los favorecidos por el derecho nacido de la desigualdad económica y los que, habiendo llegado más tarde a la legalidad, quieren dar la plenitud de su sentido de igualdad a la democracia con la supresión de las clases y con la unificación moral y económica de la sociedad y la fundación del estado democrático social.

Vivimos en una época de evolución, bajo un régimen que desaparece, frente a otro que aun no sabemos cómo será. El legislador no puede cerrar los ojos ante estos hechos, ante las nuevas fuerzas que surgen reclamando el reconocimiento de su derecho; no puede desconocer que este proletariado que disciplina y unifica su acción económica en los sindicatos, en las federaciones, en las bolsas de trabajo, en los contratos colectivos, elabora un nuevo derecho, el cual es de supremo interés social reconocer pacíficamente, incluyéndolo en los Códigos, armonizando estos con el curso de la evolución social.

Bajo la ordenación económica actual se viene preparando otra que se revela no tanto en el fermento de las clases obreras y en el movimiento de la democracia, como en la organización de la producción en grandes medios mecánicos. Los mismos Estados participan hoy de este movimiento, siendo patronos de la producción y distribución de los más importantes servicios públicos. El porvenir traerá la glorificación del trabajo; y reconocer ya el derecho al trabajo es facilitar la evolución que ha de producir el mayor desenvolvimiento de la personalidad humana.

Debe socializarse el derecho, haciéndolo más comprensivo, más amplio, extendiéndolo del rico al pobre, del propietario al obrero, del industrial al asalariado, del hombre a la mujer. Es preciso que el legislador se mueva y siga la evolución del tiempo, el movimiento de la sociedad y de la vida, para que el derecho cese de ser privilegio y medio de dominio, unilateral, particularista, como dejó de serlo en el pasado, cuando aseguraba al clero y a la nobleza una posición más eminente a expensas de la colectividad. Y en el ínterin dar al trabajo el lugar que le corresponde en el ordenamiento actual, protegerlo, elevarlo, reconociendo al obrero un derecho de participación sobre el producto íntegro de su trabajo, lo que no traerá una perturbación de ideas mayor que la que trajeron al campo de la política la abolición del feudalismo y el triunfo de la democracia. Será un poco de libertad o de licencia arrancada a algunos para acrecer la libertad de todos. Las fracciones de libertad suprimidas a uno o varios grupos, al propietario, al industrial, al padre natural, no caen en el vacío, son en provecho de la colectividad y acrecen la autonomía de cada uno.

El nuevo derecho que se forma, reconociendo las reclamaciones de las clases obreras, no beneficia solo a estas ni tiende a constituir otro derecho particularista, porque aquellas reclamaciones en cuanto procuran la seguridad personal y una vida más digna, resumen los fines más universales del hombre.

Con las indicadas reformas, el Código permanecerá burgués; no se le despojará del todo de su carácter individualista. Lo sabemos. Pero estamos en una época de transición, cuyo carácter debe reflejar también el derecho. Laboremos, como mejor podamos, hacia la libertad y la igualdad de todos. Cada reforma, acreciendo la fuerza del proletariado, lo eleva moral y materialmente, lo madura para ulteriores reformas y conquistas. "No existe una reforma democrática —escribe Jaurés— no hay una sola ley de protección obrera y de solidaridad social que no restrinja el derecho de los detentadores del capital, de la propiedad individual burguesa". Todo progreso, disminuyendo el particularismo del derecho y de las clases, prepara un campo más amplio, donde todas las clases juntas en la mayor concordia y solidaridad cooperen al desarrollo de la personalidad, al mejoramiento moral y económico colectivo. La reforma del derecho es algo en tal camino, no todo, porque también en otros campos hay mucho que corregir y renovar.

He aquí por qué es de interés supremo para el proletariado contribuir con su fuerza a esta política de reforma, y para la burguesía iniciarla e impulsarla radicalmente. "La verdadera revolución social —concluiremos con Jaurés— avanzará cuando se haga en las cosas, en las leyes y en los corazones, no en las fórmulas ni en las palabras".

El Derecho Civil y El Proletariado
de Giuseppe Salvioli
se imprimió en la República Argentina en marzo de 2019.

www.ingramcontent.com/pod-product-compliance
Lightning Source LLC
LaVergne TN
LVHW082240051026
849532LV00012B/4066
* 9 7 8 9 5 6 3 9 2 4 6 0 2 *